心一堂術數古籍珍本叢刊

書名：斗數命理新篇
系列：心一堂術數古籍珍本叢刊　星命類　紫微斗數系列　第二輯　140
作者：張開卷
主編、責任編輯：陳劍聰
心一堂術數古籍珍本叢刊編校小組：陳劍聰　素聞　鄒偉才　虛白盧主

出版：心一堂有限公司
通訊地址：香港九龍旺角彌敦道六一〇號荷李活商業中心十八樓〇五—〇六室
深港讀者服務中心·中國深圳市羅湖區立新路六號羅湖商業大厦負一層〇〇八室
電話號碼：(852)67150840
網址：publish.sunyata.cc
電郵：sunyatabook@gmail.com
網店：http://book.sunyata.cc
淘寶店地址：https://shop210782774.taobao.com
微店地址：https://weidian.com/s/1212826297
臉書：https://www.facebook.com/sunyatabook
讀者論壇：http://bbs.sunyata.cc/

版次：二零一八年四月初版
平裝

定價：港幣　一百三十八元正
　　　新台幣　五百五十元正

國際書號：ISBN 978-988-8317-69-1

香港發行：香港聯合書刊物流有限公司
地址：香港新界大埔汀麗路36號中華商務印刷大廈3樓
電話號碼：(852)2150-2100
傳真號碼：(852)2407-3062
電郵：info@suplogistics.com.hk

台灣發行：秀威資訊科技股份有限公司
地址：台灣台北市內湖區瑞光路七十六巷六十五號一樓
電話號碼：+886-2-2796-3638
傳真號碼：+886-2-2796-1377
網絡書店：www.bodbooks.com.tw
台灣國家書店讀者服務中心：
地址：台灣台北市中山區松江路二〇九號一樓
電話號碼：+886-2-2518-0207
傳真號碼：+886-2-2518-0778
網絡書店：http://www.govbooks.com.tw

中國大陸發行　零售：深圳心一堂文化傳播有限公司
深圳地址：深圳市羅湖區立新路六號羅湖商業大厦負一層〇〇八室
電話號碼：(86)0755-82224934

心一堂微店二維碼

心一堂淘寶店二維碼

心一堂術數古籍 珍本整理 叢刊 總序

術數定義

術數，大概可謂以「推算（推演）、預測人（個人、群體、國家等）、事、物、自然現象、時間、空間方位等規律及氣數，並或通過種種『方術』，從而達致趨吉避凶或某種特定目的」之知識體系和方法。

術數類別

我國術數的內容類別，歷代不盡相同，例如《漢書・藝文志》中載，漢代術數有六類：天文、曆譜、五行、蓍龜、雜占、形法。至清代《四庫全書》，術數類則有：數學、占候、相宅相墓、占卜、命書、相書、陰陽五行、雜技術等，其他如《後漢書・方術部》、《藝文類聚・方術部》、《太平御覽・方術部》等，對於術數的分類，皆有差異。古代多把天文、曆譜、及部分數學均歸入術數類，而民間流行亦視傳統醫學作為術數的一環；此外，有些術數與宗教中的方術亦往往難以分開。現代民間則常將各種術數歸納為五大類別：命、卜、相、醫、山，通稱「五術」。

本叢刊在《四庫全書》的分類基礎上，將術數分為九大類別：占筮、星命、相術、堪輿、選擇、三式、讖諱、理數（陰陽五行）、雜術（其他）。而未收天文、曆譜、算術、宗教方術、醫學。

術數思想與發展——從術到學，乃至合道

我國術數是由上古的占星、卜筮、形法等術發展下來的。其中卜筮之術，是歷經夏商周三代而通過「龜卜、蓍筮」得出卜（筮）辭的一種預測（吉凶成敗）術，之後歸納並結集成書，此即現傳之《易

經》。經過春秋戰國至秦漢之際，受到當時諸子百家的影響、儒家的推崇，遂有《易傳》等的出現，原本是卜筮術書的《易經》，被提升及解讀成有包涵「天地之道（理）」之學。因此，《易・繫辭傳》曰：「易與天地準，故能彌綸天地之道。」

漢代以後，易學中的陰陽學說，與五行、九宮、干支、氣運、災變、律曆、卦氣、讖緯、天人感應說等相結合，形成易學中象數系統。而其他原與《易經》本來沒有關係的術數，如占星、形法、選擇，亦漸漸以易理（象數學說）為依歸。《四庫全書・易類小序》云：「術數之興，多在秦漢以後。要其旨，不出乎陰陽五行，生尅制化。實皆《易》之支派，傅以雜說耳。」至此，術數可謂已由「術」發展成「學」。

及至宋代，術數理論與理學中的河圖洛書、太極圖、邵雍先天之學及皇極經世等學說給合，通過術數以演繹理學中「天地中有一太極，萬物中各有一太極」（《朱子語類》）的思想。術數理論不單已發展至十分成熟，而且也從其學理中衍生一些新的方法或理論，如《梅花易數》、《河洛理數》等。

在傳統上，術數功能往往不止於僅僅作為趨吉避凶的方術，及「能彌綸天地之道」的學問，亦有其「修心養性」的功能，「與道合一」（修道）的內涵。《素問・上古天真論》：「上古之人，其知道者，法於陰陽，和於術數。」數之意義，不單是外在的算數、歷數、氣數，而是與理學中同等的「道」、「理」--心性的功能，北宋理氣家邵雍對此多有發揮：「聖人之心，是亦數也」、「萬化萬事生乎心」、「心為太極」。《觀物外篇》：「先天之學，心法也。……蓋天地萬物之理，盡在其中矣，心一而不分，則能應萬物。」反過來說，宋代的術數理論，受到當時理學、佛道及宋易影響，認為心性本質上是等同天地之太極。天地萬物氣數規律，能通過內觀自心而有所感知，即是內心也已具備有術數的推演及預測、感知能力；相傳是邵雍所創之《梅花易數》，便是在這樣的背景下誕生。

《易・文言傳》已有「積善之家，必有餘慶；積不善之家，必有餘殃」之說，至漢代流行的災變說及讖緯說，我國數千年來都認為天災，異常天象（自然現象），皆與一國或一地的施政者失德有關；下至家族、個人之盛衰，也都與一族一人之德行修養有關。因此，我國術數中除了吉凶盛衰理數之外，人心的德行修養，也是趨吉避凶的一個關鍵因素。

術數與宗教、修道

在這種思想之下，我國術數不單只是附屬於巫術或宗教行為的方術，又往往是一種宗教的修煉手段--通過術數，以知陰陽，乃至合陰陽（道）。「其知道者，法於陰陽，和於術數。」例如，「奇門遁甲」術中，即分為「術奇門」與「法奇門」兩大類。「法奇門」中有大量道教中符籙、手印、存想、內煉的內容，是道教內丹外法的一種重要外法修煉體系。甚至在雷法一系的修煉上，亦大量應用了術數內容。此外，相術、堪輿術中也有修煉望氣（氣的形狀、顏色）的方法；堪輿家除了選擇陰陽宅之吉凶外，也有道教中選擇適合修道環境（法、財、侶、地中的地）的方法，以至通過堪輿術觀察天地山川陰陽之氣，亦成為領悟陰陽金丹大道的一途。

易學體系以外的術數與的少數民族的術數

我國術數中，也有不用或不全用易理作為其理論依據的，如揚雄的《太玄》、司馬光的《潛虛》。也有一些占卜法、雜術不屬於《易經》系統，不過對後世影響較少而已。

外來宗教及少數民族中也有不少雖受漢文化影響（如陰陽、五行、二十八宿等學說。）但仍自成系統的術數，如古代的西夏、突厥、吐魯番等占卜及星占術，藏族中有多種藏傳佛教占卜術、苯教占卜術、擇吉術、推命術、相術等；北方少數民族有薩滿教占卜術；不少少數民族如水族、白族、布朗族、佤族、彝族、苗族等，皆有占雞（卦）草卜、雞蛋卜等術，納西族的占星術、占卜術，彝族畢摩的推命術、占卜術……等等，都是屬於《易經》體系以外的術數。相對上，外國傳入的術數以及其理論，對我國術數影響更大。

曆法、推步術與外來術數的影響

我國的術數與曆法的關係非常緊密。早期的術數中，很多是利用星宿或星宿組合的位置（如某星在某州或某宮某度）付予某種吉凶意義，并據之以推演，例如歲星（木星）、月將（某月太陽所躔之宮次）等。不過，由於不同的古代曆法推步的誤差及歲差的問題，若干年後，其術數所用之星辰的位置，已與真實星辰的位置不一樣了；此如歲星（木星），早期的曆法及術數以十二年為一周期（以應地支），與木星真實周期十一點八六年，每幾十年便錯一宮。後來術家又設一「太歲」的假想星體來解決，是歲星運行的相反，週期亦剛好是十二年。而術數中的神煞，很多即是根據太歲的位置而定。又如六壬術中的「月將」，原是立春節氣後太陽躔娵訾之次而稱作「登明亥將」，至宋代，因歲差的關係，要到雨水節氣後太陽才躔娵訾之次，當時沈括提出了修正，但明清時六壬術中「月將」仍然沿用宋代沈括修正的起法沒有再修正。

由於以真實星象周期的推步術是非常繁複，而且古代星象推步術本身亦有不少誤差，大多數術數除依曆書保留了太陽（節氣）、太陰（月相）的簡單宮次計算外，漸漸形成根據干支、日月等的各自起例，以起出其他具有不同含義的眾多假想星象及神煞系統。唐宋以後，我國絕大部分術數都主要沿用這一系統，也出現了不少完全脫離真實星象的術數，如《子平術》、《紫微斗數》、《鐵版神數》等。後來就連一些利用真實星辰位置的術數，如《七政四餘術》及選擇法中的《天星選擇》，也已與假想星象及神煞混合而使用了。

隨着古代外國曆（推步）、術數的傳入，如唐代傳入的印度曆法及術數，元代傳入的回回曆等，其中我國占星術便吸收了印度占星術中羅睺星、計都星等而形成四餘星，又通過阿拉伯占星術而吸收了其中來自希臘、巴比倫占星術的黃道十二宮、四大（四元素）學說（地、水、火、風），並與我國傳統的二十八宿、五行說、神煞系統並存而形成《七政四餘術》。此外，一些術數中的北斗星名，不用我國傳統的星名：天樞、天璇、天璣、天權、玉衡、開陽、搖光，而是使用來自印度梵文所譯的：貪狼、巨門、祿存、文曲，廉貞、武曲、破軍等，此明顯是受到唐代從印度傳入的曆法及占星術所影響。如星命術中的《紫微斗數》及堪輿術中的《撼龍經》等文獻中，其星皆用印度譯名。及至清初《時憲曆》，置閏之法則改用西法「定氣」。清代以後的術數，又作過不少的調整。

此外，我國相術中的面相術、手相術，唐宋之際受印度相術影響頗大，至民國初年，又通過翻譯歐西、日本的相術書籍而大量吸收歐西相術的內容，形成了現代我國坊間流行的新式相術。

陰陽學——術數在古代、官方管理及外國的影響

術數在古代社會中一直扮演着一個非常重要的角色，影響層面不單只是某一階層、某一職業、某一年齡的人，而是上自帝王，下至普通百姓，從出生到死亡，不論是生活上的小事如洗髮、出行等，大事如建房、入伙、出兵等，從個人、家族以至國家，從天文、氣象、地理到人事、軍事，從民俗、學術到宗教，都離不開術數的應用。我國最晚在唐代開始，已把以上術數之學，稱作陰陽（學），行術數者稱陰陽人。（敦煌文書、斯四三二七唐《師師漫語話》：「以下說陰陽人謾語話」，此說法後來傳入日本，今日本人稱行術數者為「陰陽師」）。一直到了清末，欽天監中負責陰陽術數的官員中，以及民間術數之士，仍名陰陽生。

古代政府的中欽天監（司天監），除了負責天文、曆法、輿地之外，亦精通其他如星占、選擇、堪輿等術數，除在皇室人員及朝庭中應用外，也定期頒行日書、修定術數，使民間對於天文、日曆用事吉凶及使用其他術數時，有所依從。

我國古代政府對官方及民間陰陽學及陰陽官員，從其內容、人員的選拔、培訓、認證、考核、律法監管等，都有制度。至明清兩代，其制度更為完善、嚴格。

宋代官學之中，課程中已有陰陽學及其考試的內容。（宋徽宗崇寧三年〔一一零四年〕崇寧算學令：「諸學生習……並曆算、三式、天文書。」「諸試……三式即射覆及預占三日陰陽風雨。天文即預

定一月或一季分野災祥，並以依經備草合問為通。」

金代司天臺，從民間「草澤人」（即民間習術數人士）考試選拔：「其試之制，以《宣明曆》試推步，及《婚書》、《地理新書》試合婚、安葬，並《易》筮法，六壬課、三命、五星之術。」（《金史》卷五十一·志第三十二·選舉一）

元代為進一步加強官方陰陽學對民間的影響、管理、控制及培育，除沿襲宋代、金代在司天監掌管陰陽學及中央的官學陰陽學課程之外，更在地方上增設陰陽學課程（《元史·選舉志一》：「世祖至元二十八年夏六月始置諸路陰陽學。」）地方上也設陰陽學教授員，培育及管轄地方陰陽人。（《元史·選舉志一》：「（元仁宗）延祐初，令陰陽人依儒醫例，於路、府、州設教授員，凡陰陽人皆管轄之，而上屬於太史焉。」）自此，民間的陰陽術士（陰陽人），被納入官方的管轄之下。

至明清兩代，陰陽學制度更為完善。中央欽天監掌管陰陽學，明代地方縣設陰陽學正術，各州設陰陽學典術，各縣設陰陽學訓術。陰陽人從地方陰陽學肆業或被選拔出來後，再送到欽天監考試。（《大明會典》卷二二三：「凡天下府州縣舉到陰陽人堪任正術等官者，俱從吏部送（欽天監），考中，送回選用；不中者發回原籍為民，原保官吏治罪。」）清代大致沿用明制，凡陰陽術數之流，悉歸中央欽天監及地方陰陽官員管理、培訓、認證。至今尚有「紹興府陰陽印」、「東光縣陰陽學記」等明代銅印，及某某縣某某之清代陰陽執照等傳世。

清代欽天監漏刻科對官員要求甚為嚴格。《大清會典》「國子監」規定：「凡算學之教，設肄業生。滿洲十有二人，蒙古、漢軍各六人，於各旗官學內考取。漢十有二人，於舉人、貢監生童內考取。附學生二十四人，由欽天監選送。教以天文演算法諸書，五年學業有成，舉人引見以欽天監博士用，貢監生童以天文生補用。」學生在官學肄業、貢監生肄業或考得舉人後，經過了五年對天文、算法、陰陽學的學習，其中精通陰陽術數者，會送往漏刻科。而在欽天監供職的官員，《大清會典則例》「欽天監」規定：「本監官生三年考核一次，術業精通者，保題升用。不及者，停其升轉，再加學習。如能黽勉供職，即予開復。仍不及者，降職一等，再令學習三年，能習熟者，准予開復，仍不能者，黜退。」除定期考核以定其升用降職外，《大清律例》中對陰陽術士不準確的推斷（妄言禍福）是要治罪的。《大清律例・一七八・術七・妄言禍福》：「凡陰陽術士，不許於大小文武官員之家妄言禍福，違者杖一百。其依經推算星命卜課，不在禁限。」大小文武官員延請的陰陽術士，自然是以欽天監漏刻科官員或地方陰陽官員為主。

官方陰陽學制度也影響鄰國如朝鮮、日本、越南等地，一直到了民國時期，鄰國仍然沿用着我國的多種術數。而我國的漢族術數，在古代甚至影響遍及西夏、突厥、吐蕃、阿拉伯、印度、東南亞諸國。

術數研究

術數在我國古代社會雖然影響深遠，「是傳統中國理念中的一門科學，從傳統的陰陽、五行、九宮、八卦、河圖、洛書等觀念作大自然的研究。……傳統中國的天文學、數學、煉丹術等，要到上世紀中葉始受世界學者肯定。可是，術數還未受到應得的注意。術數在傳統中國科技史、思想史，文化史、社會史，甚至軍事史都有一定的影響。……更進一步了解術數，我們將更能了解中國歷史的全貌。」（何丙郁《術數、天文與醫學中國科技史的新視野》，香港城市大學中國文化中心。）

可是術數至今一直不受正統學界所重視，加上術家藏秘自珍，又揚言天機不可洩漏，「（術數）乃吾國科學與哲學融貫而成一種學說，數千年來傳衍嬗變，或隱或現，全賴一二有心人為之繼續維繫，賴以不絕，其中確有學術上研究之價值，非徒癡人說夢，荒誕不經之謂也。其所以至今不能在科學中成立一種地位者，實有數因。蓋古代士大夫階級目醫卜星相為九流之學，多恥道之；而發明諸大師又故為惝恍迷離之辭，以待後人探索；間有一二賢者有所發明，亦秘莫如深，既恐洩天地之秘，復恐譏為旁門左道，始終不肯公開研究，成立一有系統說明之書籍，貽之後世。故居今日而欲研究此種學術，實一極困難之事。」（民國徐樂吾《子平真詮評註》，方重審序）

現存的術數古籍，除極少數是唐、宋、元的版本外，絕大多數是明、清兩代的版本。其內容也主要是明、清兩代流行的術數，唐宋或以前的術數及其書籍，大部分均已失傳，只能從史料記載、出土文獻、敦煌遺書中稍窺一鱗半爪。

術數版本

坊間術數古籍版本，大多是晚清書坊之翻刻本及民國書賈之重排本，其中豕亥魚魯，或任意增刪，往往文意全非，以至不能卒讀。現今不論是術數愛好者，還是民俗、史學、社會、文化、版本等學術研究者，要想得一常見術數書籍的善本、原版，已經非常困難，更遑論如稿本、鈔本、孤本等珍稀版本。在文獻不足及缺乏善本的情況下，要想對術數的源流、理法、及其影響，作全面深入的研究，幾不可能。

有見及此，本叢刊編校小組經多年努力及多方協助，在海內外搜羅了二十世紀六十年代以前漢文為主的術數類善本、珍本、鈔本、孤本、稿本、批校本等數百種，精選出其中最佳版本，分別輯入兩個系列：

一、心一堂術數古籍珍本叢刊

二、心一堂術數古籍整理叢刊

前者以最新數碼（數位）技術清理、修復珍本原本的版面，更正明顯的錯訛，部分善本更以原色彩色精印，務求更勝原本。并以每百多種珍本、一百二十冊為一輯，分輯出版，以饗讀者。

後者延請、稿約有關專家、學者，以善本、珍本等作底本，參以其他版本，古籍進行審定、校勘、注釋，務求打造一最善版本，方便現代人閱讀、理解、研究等之用。

限於編校小組的水平，版本選擇及考證、文字修正、提要內容等方面，恐有疏漏及舛誤之處，懇請方家不吝指正。

心一堂術數古籍 珍本／整理 叢刊編校小組

二零零九年七月序

二零一四年九月第三次修訂

凡例

一　全書凡四十七章，自一章至廿五章爲上編，自廿六章至四十七章爲下編。

一　全書內容乃由舊法叢辰太乙天人五行諸家演合而成之斗數命理，經著者加以全部徹底改良之一種新的推命技術，上編卽爲此術之基本術，下編卽爲此術之運用術。

一　全書章次之前後，立說之淺深，皆有序可循，至便初學，圖表歌訣之製訂，尤切實用。

一　上編每一章均有訣以備熟記，有表以備檢查，兩者異工而同用，如以訣之熟記爲難，可舍訣而用表，如以表之檢查爲繁，可舍表而用訣。

一　上編每一章之每一訣每一表。均有說明例爲之說明，有試習例以資試習。

一　下編廿六至卅四各章，乃全書精義，類皆著者融會一己之創見與心得而所立之新說，閱者能參詳而消息之，則思過半矣。

一　下編卅五至四十六各章，乃諸星見於十二宮之吉凶，類皆著者根據經驗與學理，參證舊本重爲釐定者，以之觀審十二宮吉凶，往往應驗，雖亦有例外甚鮮。

一　本著所列星名，僅改正一二，大致仍沿用舊稱。

一　一星而數名者，或異星而同一經行躔度同一所主吉凶者，均已分別删併。

一　本著所列諸星，其所經行之躔度及所主之吉凶，均已詳爲考訂。

一　本著具有閱者據理自明之捷徑，凡舊法中曾經謀食不謀道輩所僞託附會之江湖濫調，均一律摒棄無遺。

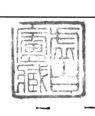

一　本著末一章命術醫語，有關術者應世，宜留意及之。

慎思子任致遠先生序

本書著者遯世先閎齋張開卷先生，是一位好學先生，任何一種學問，他都有極濃厚的興趣孜孜不倦的研究，而且凡是經過他的研究，必有創見，必有整理或補充，的確是在學問上有了高深成就的學者。

抗戰時代，他在淪陷區被日寇囚禁，閱讀寫作，俱嚴受限制，朋友們因大量購贈陰陽五行一類的書籍，供給他消磨不自由的永晝長夜。這本斗數命理新編，就是他在這個時期，從研究的許多命書中，把認爲最有價值的一種斗數命理，經他加以徹底改良而成功的新命書。

後來他從淪陷區脫險到了重慶，一般老朋友都去慰問，他便以此術爲大家試推祿命，結果，大家都驚異此術的奇驗，而敬佩他在囚禁中猶能對學術有此貢獻爲難能。但是，我卻不以爲然，我認爲這類非科學的東西，不應爲現代學者所侈談，在囚禁中以之消磨歲月是可以的，老朋友們患難中相見，當作歡聚時的遊戲也可以的，若竟過譽之爲學術，站在科學的立場，我總覺不能無疑。我曾接二連三的指出其中的最大疑點，向他問難，我以爲這類非科學的東西，一定禁不起科學的考驗。不料此術的奇驗，雖未足使我驚異，而他精彩的解答，卻不能不使我由驚異而折服，更使我深深感到凡自己未曾認識的事物，遽加以非科學的蔑視或批評，是最不妥當的。

這是卅二年在重慶的事，轉瞬已是五年，他這本書終於在朋友們的慫恿之下而將要出版，他從遠道來函約我寫序，現在我將我們當時在重慶問難的談話寫在下面，以作這篇序文的主體，也算是我對這本書的一個正式介紹，下面的甲就是我，乙就是本書的著者。

甲：命之一說，在科學時代已無存在的價值，你是由來對學問具有眞實態度和創造精神的人，現在並不在淪陷區的牢監裏，而是在重慶，儘有你閱讀寫作的自由，你不必再爲這些舊廢物浪費時間。

乙：我認爲一個眞實的學者，對於任何一件事物，在未經科學的分析之前，不應當遽下肯定的批評，你不要把這些舊有的東西一律當作舊廢物，你必須對某一種舊東西有了眞實的認識，你再確定你對某一種舊東西的態度。命這一觀念，事實上在社會一般人的心理上仍然是普遍的存在，單憑少數不明就理的人，武斷的否認它存在的價值，是無效的。要知但凡能存在的舊東西，自有它能存在的道理，這與新文化的成長，自有它成長的因素和需要正是一樣。

甲：你以一羣天上的星名，排列在十二個格內，憑某星主某事的無稽之言，以推斷人的禍福休咎，就是受過現代教育的小學生，也不會相信天上的星會與人的禍福休咎有關係，難道你還能解釋得使我相信嗎？

乙：天上的星當然同人無關，但是人要叫它同人有關，它就能同人有關；比如算學代數式的元字，又何嘗與數有關，但是人要用它與數有關，它就能與數有關，因爲代數式中的元字，是用以表數的文字；星命學中好星名，是用以表各種吉凶的記號。而且星命學表吉凶的記號，比代數式表數的元字尤爲得用，例如天相星與七煞星，從星名字義上就可一望而知前者是吉的記號，後者是凶的記號，比之元字的ＡＢＣ等須全憑記憶，尤爲簡捷。在新舊學術上關于表記符號的採用，原極尋常而普遍，類如我國古代的河圖、洛書、八卦、都是這一類東西，東方古代文化就是從這一類東西孳生出來的，就是代數學，也原本是由印度傳至亞拉伯，轉而傳入歐洲的所謂東來法。

甲：我眞未想到你把星與人的關係，解答的如此圓滿，可是，所謂與人生禍福休咎有關的命，爲什麽必得用人的降生年月日時來推？爲什麽人的降生年月日時，就可推得與人生禍福休咎有關的命？這兩者間的關係，又是怎樣成立的？

乙：這兩者間關係的發生，起始於同一年月日時降生的人的個性形狀及其生活環境，有着相同的情形發現，這種發現，是由於不經意的偶然的發現，以至於注意的連續的發現，更進而將這一種的發現，發展爲有方法的統計。所以這兩者間關係的成立，從知的方面說，可以說它的推理是由歸納到演繹的；在行的方面說，可以說它的工作是完全屬於統計的。因爲農曆以干支紀年，每六十年爲一花甲；以寅建正，每一年爲十二個月；以朔望分月，每一月爲三十日；以晝夜分日，每一日爲十二時，依此遞乘，可得出人的降生年月日時有二十五萬九千二百二十個不同。從若干倍的二十幾萬個不同的當中，以同一年月日時生人的或吉或凶，以類相從，立爲比較，而得出來的結果，就是二十幾萬個不同的命，也就是人有二十幾萬個不同的類型。這是統計上一個驚人的偉績，除了指紋的統計幾乎人盡不同而外，試問世界上還有比這一個統計成就更爲宏偉的嗎？現在社會上每有人喜以血型或掌紋侈談人的個性及事業，犯罪學亦以相貌特徵來判斷人的犯罪行爲，實則血型只有寥寥數種，掌紋和相貌特徵亦並無許多類，若與二十幾萬個不同的命相比，大有丘陵與泰山之別。但是，有科學常識的人，他可以信血型掌紋相貌特徵等說。而不信命，原因是他們只知血型……等說，產生于科學的統計，而並不曉得二十幾萬個不同的命亦是成立於科學的統計的緣故。不唯如此，卽便高明的算命者流，亦只是行其當然而不知其所以然，怎能不招致科學家的輕視，又何怪乎科學家的不信。

甲：你的解答，的確愈說愈覺圓滿，但是我仍然未盡無疑，世界上全人類數字不下十六億，而命只有二十五萬九千二百二十個，豈不是同命者太多，卽單就中國四億五千萬人口而論，平均起來，就有每一千七百三十餘人同一個命，難道這每一千七百三十餘個同命的人，自生至死的人生過程，準能始終相同而無差別嗎？

乙：人生的一切，與人的命、環境、以及意志和行爲，都有着密切的關係，非單獨憑命可以決定。命、乃由於降生年月日時而來，是先天的安排人生的一種自然的潛力；環境、乃由于政教風俗等等多種複雜因素和關係而成，是後天的支配人生的一種人爲的壓力；唯有意志和行爲，則由于命與環境而生，是伸縮先天安排人生與後天支配人生的一種韌性的彈力，所謂人生的過程，就是這三種力所構成。有某種命的人，雖然蘊藏有某種命的意志和行爲的必然性，但不是在某種環境，這種必然性較難發作，比如有惰性的人，在自食其力的社會，是很難偷嬾的，這就是後天的支配可以否決了先天的安排；在某種環境的人，雖然具備有產生某種環境的意志和行爲的可能性，但不是有某種命，這種可能性較少實現，比如在險惡成風的社會，有善根的人，是仍然不失爲好人的，這就是自然的潛力克服

了人爲的壓力，所以同命人的人生過程，是不一定完全相同的•

甲：據你這樣的論命，豈不是宿命說的本身，原來就是站不住•

乙：原來你還誤解我對你所解答的，一切都是在爲宿命說作辯護，如果宿命說就是星命學，我又何必如此辭費。要知宿命說與星命學是截然兩件事，宿命說的目的，在使人因信因而信果•是以人生的行爲境遇，皆定於人的宿命而無可避免；星命學的目的，在使人由知因以致果，是以人的一切因雖有天定，而人的一切果仍在人爲。所以宿命說只是知道種瓜得瓜種豆得豆的有是因自有是果，而不知種瓜種豆後的地的肥瘠，土質的宜否，氣候的變化，以及人工的培植灌溉，都與得瓜得豆有着重要的關係；星命學則不然，不但知道從種瓜種豆到得瓜得豆的過程中的一切重要關係，而且還能運用巧奪天工的移花接木的方法，以移栽易其地，以插壓異其形，以貼接變其種，這就是宿命說之所以爲宿命說，星命學之所以爲星命學的兩者迥然不同處，由此也就可知道命術之爲用何在•江湖算命者流，有掛着「指點迷津」「趨吉避凶」一類的招徠幌子，江湖玩藝，當然不足道，但是他們這一套宣傳，亦是傳來有自，試問假如星命學就是宿命說，那麼命好則好，命壞則壞就是了，還有什麼迷津可指點，還有什麼吉可趨，凶可避，眞如你所說，我也不必「浪費時間」寫此知命術一書了•

問難至此，我始恍然，尤其是他對我的解答，如剝筍，如鞭辟，使我聞所未聞，知所未知，事隔五年，至今我的記憶猶新，所以我還能把它點滴的寫入序文，作了這篇序文的主體，我想這篇序的寫法，在著者閱者或許都還能當意罷!?民國卅八年六月愼思子序於海上•

著者自序

我國有易以來，凡研究陰陽五行生克制化之理以推知人事者統謂之術數。星命學卽爲術數之一，書可汗牛充棟，人亦派別系分，顧法雖各有所宗，一以人之降生年月日時推算祿命則無以異。世稱唐之李虛中爲星命家之祖，究其實漢七家之占候卜筮已啟星命學之漸，晉之郭璞、唐之呂才張果、皆爲是輩中人，歷宋、元、明、清，作者傳者代不乏人，尤以宋之陳圖南徐居易邵堯夫等各傳所祕之斗數命理子平術河洛理數三者，流行偏中國，爲世俗所通信。但河洛理數，失之於呆，如籤詩，如讖語，未可盡驗；子平術，失之於活，仁見仁，智見智，亦未能盡是。故子平術易學而難精，河洛理數學至易而不必精，可得學而精者，其惟象至明而理至易之斗數命理乎？然坊間新舊版，已無一信本，亂象叢生，謬理疊出，若不經徹底清源之重編再訂，將愈久而愈失其眞，此卽斗數命理新編所由作之始意也。夫命者，天賦人以智愚賢不肖窮通壽夭之不齊也，命理者卽於此天賦不齊中而求所以人定勝天之道也，否則，天定之休則休矣，天定之咎則咎矣，篤信乎宿命之說斯可矣，又何貴乎命理之存在哉？此尤爲斗數命理新編所由作之深意存焉。蓋茫茫人海，無邊之欲海也，欲卽是苦，苦卽是欲，人皆各有所欲，亦卽各有所苦，富貴有富貴之所欲，卽有富貴之所苦；貧賤有貧賤之所欲，卽有貧賤之所苦，所欲所苦雖不同，而欲則一也，苦則一也。欲無止境，苦亦無止境，欲而不知其已所得，苦而不知其已所困，無人不在追求其所欲於未來，亦卽無人不在加深其所苦於未來，而未來遂成爲寄託人生幻想之天地。「儘管轉眼

著者自序

未來成過去」，總將此心今日盼明朝」，此一與生俱來與生俱滅之心，不至生之已時，不能消滅其幻想，亦卽不到死方休，不肯自絕其生之希望也。然未來究如何，猶爲人生之迷藏，命術於焉以尙，以天定之數立其體，袪不可得之妄念；以人定之力致其用，示盡可能之正求，從不齊之天賦中，而各別施以人爲之啟廸，使盈者知所足，進者知所止，頑夫知所廉，懦夫知所立，此卽命理之爲命理，亦卽星命學與宿命說之大相逕庭處。故命術之爲用，乃由心理之改善，以影响行爲之改善，損所益，益所損，出人于妄，入人于正，導社會於平衡者也。況夫求術於卷中，步天於紙上，玩習而體味之，胸羅星斗，明徹內外，以之自審，可以寡過；以之酬世，可以觀人，誠自覺覺人之至術，豈小道也哉！今者是編終因朋儕之縱臾而行將問世，爰弁言章首，以就有道而正焉。己丑七夕无悶齋主自序於香島。

斗數命理新編總目錄

目錄　一〇

下編

斗數命理新編（上）

著作者　无悶齋主

第一章　十干

十干、甲、乙、丙、丁、戊、己、庚、辛、壬、癸也，甲、丙、戊、庚、壬屬陽，乙、丁、己、辛、癸屬陰，甲乙同屬木，丙丁同屬火，戊己同屬土，庚辛同屬金，壬癸同屬水，初習悉宜熟記。其表如左：

十干所屬表

十干／所屬	甲	乙	丙	丁	戊	己	庚	辛	壬	癸
陰陽	陽	陰	陽	陰	陽	陰	陽	陰	陽	陰
五行	木		火		土		金		水	

說明

例如甲、查本表十干之甲欄及所屬之陰陽欄五行欄，即知甲屬陽屬木，餘類推。

試習

問：戊癸兩干，陰陽何屬？五行何屬？

答：查本表十干之戊癸兩欄及所屬之陰陽欄五行欄，即知戊屬陽屬土，癸屬陰屬水。

第二章　十二支

十二支，子、丑、寅、卯、辰、巳、午、未、申、酉、戌、亥也，子、寅、辰、午、申、戌屬陽，丑、卯、巳、未、酉、亥屬陰，亥子同屬水，寅卯同屬木，巳午同屬火，申酉同屬金，丑辰未戌同屬土，子屬鼠、丑屬牛、寅屬虎、卯屬兎、辰屬龍、巳屬蛇、午屬馬、未屬羊、申屬猴、酉屬雞、戌屬狗、亥屬豬，初習悉宜熟記。其表如左：

十二支所屬表

十二支＼所屬	陰陽	五行	生肖
子	陽	水	鼠
丑	陰	土	牛
寅	陽	木	虎
卯	陰	木	兔
辰	陽	土	龍
巳	陰	火	蛇
午	陽	火	馬
未	陰	土	羊
申	陽	金	猴
酉	陰	金	雞
戌	陽	土	狗
亥	陰	水	豬

說明

例如子，查本表十二支之子欄及所屬之陰陽欄五行欄生肖欄，即知子屬陽屬水屬鼠，餘類推。

試習

問：午未两支，陰陽何屬？五行何屬？生肖何屬？

答：查本表十二支之午未兩欄及所屬之陰陽欄五行欄生肖欄，即知午屬陽屬火屬馬，未屬陰屬土屬羊。

第三章 地盤

地盤，即十二支恆久不變之盤，亦即斗數命理推命之基本工具，其盤爲四方周邊十二格，每一格即某一個支之單獨定位，每一方即某三個支之共同定方，初習悉宜熟記之。其圖如左：

地盤圖

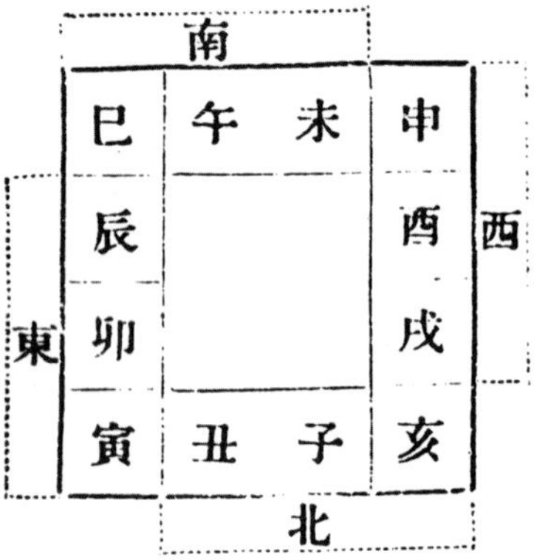

「注意」

一、此盤用時，可照式隨意放大，但不必塡入十二支，宜熟記其單獨定位及共同定方爲要。

二、此盤自下章起，即開始入於命盤之布置。

說明

例如圖下方左數第二格，即爲子之單獨定位，圖下方左數第一、第二、第三三格，即爲亥子丑之共同定方，又自北而東南西爲順，自北而西南東爲逆，即自亥歷子丑寅卯辰巳午未申酉至戌爲順，自亥歷戌酉申未午巳辰卯寅丑至子爲逆。

試習

問：申酉戌，屬何方？

答：申酉戌，屬西地。

問：自子至丑，與自丑至子，何爲順？何爲逆？

答：自子至丑爲順，自丑至子爲逆。

第四章　起命身

起命身爲斗數命理布置命盤之第一式，即以人之生月生時，推得其在地盤上立命安身之位也。起法：從地盤寅位起正月，順推至生月；再從生月之位起子時，逆推至生時立命，順推至生時安身。其訣與表分列如左：

起命身訣

寅正順數生月逢，　生月起子兩頭通，
順至生時身所在，　逆到生時命之宮。

說明

例如有某甲，生於四月未時，即從地盤之寅位起正月，順歷卯辰至巳，即爲其生之四月，如附圖(甲)。再從生月之巳起子時，逆歷辰卯……至戌，即爲其生之未時以立命，如附圖(乙)。順歷午未……至子，即爲其生之未時以安身，如附圖(丙)。蓋某甲四月生，照通例寅起正月，以卯作二月……順推至巳，恰是四月也。又某甲未時生，由四月巳起子時，以辰作丑時……逆推至戌，恰是未時也。以午作丑時，……順推至子，恰是未時也。餘類推。

(參閱第二十五章某甲命盤全式)

試習

問：假設有某乙，生於正月丑時，應在何位立命？何位安身？

答：正月生人照寅起正月通例，寅即其生月，應從生月之寅位起子時，逆推至丑，爲其生之丑時以立命，順推至卯，爲其生之丑時以安身。

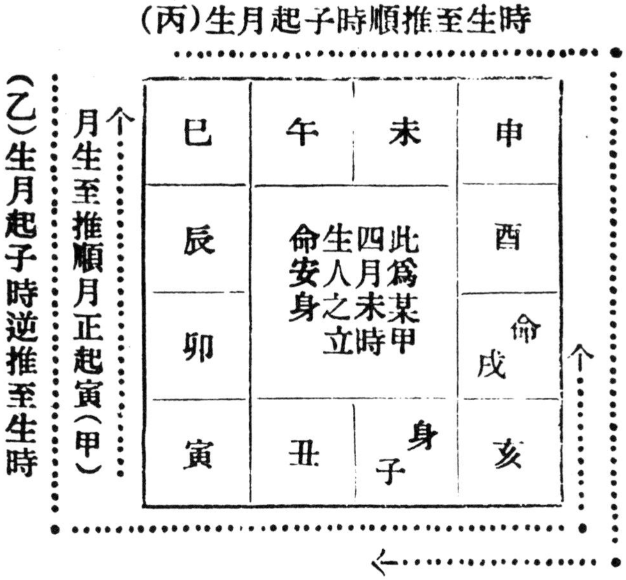

說明

例如某甲，生於四月未時，查本表生月之四欄及生時之未欄，即知其立命在戌，安身在子，餘類推。

問答

問：假設有某乙生於正月丑時，由何可得而知其立命安身之位？

答：查本表生月之正欄及生時之丑欄，即可知其立命在丑，安身在卯。

(附二)閏月生人定生月法：凡閏月生人，以閏月之上半月屬上月，下半月屬下月。

說明

例如生於閏二月十五日，則屬於閏二月之上半月，爲二月生人。

又例如生於閏二月十六日，則屬於閏二月之下半月，爲三月生人，餘類推。

試習

問：假設有某丙生於閏三月十四日，有某丁生於閏三月十五日，有某戊生於閏三月十六日，其生月應如何定？

答：某丙某丁皆屬於閏三月之上半月，應爲三月生人，某戊乃屬閏三月之下半月，應爲四月生日。

(附二)子午時生人起命身法：凡子午時生人，其命身同在一位。

說明

例如正月子時生人，則命身同在寅位。又例如三月午時生人，則命身同在戌位，餘類推。

試習

問：假設有某己，生於正月子時，有某庚生於五月午時，其命身應如何起？

答：某己命身應同在寅位，某庚命身應同在子位。

第五章 安十二宮

十二宮，卽命宮以及父母、兄弟、夫妻、子女、財帛、疾厄、遷移、僕役、官祿、田宅、福德諸宮是也。（按僕役宮舊稱奴僕宮，因奴係古罪人之女從坐而沒入官者之稱，又係價賣而依主人姓者之稱，此種風氣，鼎革以還，已趨消滅，今爲名副其實及尊重人格，故爲易之。）安法：命宮順前一位安父母宮，逆後一位安兄弟宮，其餘諸宮排在兄弟宮後，依次逆安之。其訣與表分列如左：

安十二宮訣

命前爲父母，命後乃兄弟，逆次而行之，造端在夫妻，子女兼財帛，疾厄有遷移，僕役隨官祿，田宅福德基。

說明

例如某甲，立命在戌，則命前亥安父母，命後酉安兄弟，……遞次逆推至子安福德，（參閱第廿五章某甲命盤全式）餘類推。

試習

問：假說某乙，立命在丑，其十二宮次應如何安？

答：應在命前寅，安父母，命後子安兄弟，……遞次逆推至卯安福德。

起命身表

生時	生月／命身	正	二	三	四	五	六	七	八	九	十	十一	十二
子	命身	寅	卯	辰	巳	午	未	申	酉	戌	亥	子	丑
丑	命	丑	寅	卯	辰	巳	午	未	申	酉	戌	亥	子
	身	卯	辰	巳	午	未	申	酉	戌	亥	子	丑	寅
寅	命	子	丑	寅	卯	辰	巳	午	未	申	酉	戌	亥
	身	辰	巳	午	未	申	酉	戌	亥	子	丑	寅	卯
卯	命	亥	子	丑	寅	卯	辰	巳	午	未	申	酉	戌
	身	巳	午	未	申	酉	戌	亥	子	丑	寅	卯	辰
辰	命	戌	亥	子	丑	寅	卯	辰	巳	午	未	申	酉
	身	午	未	申	酉	戌	亥	子	丑	寅	卯	辰	巳
巳	命	酉	戌	亥	子	丑	寅	卯	辰	巳	午	未	申
	身	未	申	酉	戌	亥	子	丑	寅	卯	辰	巳	午
午	命身	申	酉	戌	亥	子	丑	寅	卯	辰	巳	午	未
未	命	未	申	酉	戌	亥	子	丑	寅	卯	辰	巳	午
	身	酉	戌	亥	子	丑	寅	卯	辰	巳	午	未	申
申	命	午	未	申	酉	戌	亥	子	丑	寅	卯	辰	巳
	身	戌	亥	子	丑	寅	卯	辰	巳	午	未	申	酉
酉	命	巳	午	未	申	酉	戌	亥	子	丑	寅	卯	辰
	身	亥	子	丑	寅	卯	辰	巳	午	未	申	酉	戌
戌	命	辰	巳	午	未	申	酉	戌	亥	子	丑	寅	卯
	身	子	丑	寅	卯	辰	巳	午	未	申	酉	戌	亥
亥	命	卯	辰	巳	午	未	申	酉	戌	亥	子	丑	寅
	身	丑	寅	卯	辰	巳	午	未	申	酉	戌	亥	子

說明

例如某甲，生於四月未時，查本表生月之四欄及生時之未欄，即知其立命在戌

安十二宮表

命宮／餘宮	兄弟	夫妻	子女	財帛	疾厄	遷移	僕役	官祿	田宅	福德	父母
子	亥	戌	酉	申	未	午	巳	辰	卯	寅	丑
丑	子	亥	戌	酉	申	未	午	巳	辰	卯	寅
寅	丑	子	亥	戌	酉	申	未	午	巳	辰	卯
卯	寅	丑	子	亥	戌	酉	申	未	午	巳	辰
辰	卯	寅	丑	子	亥	戌	酉	申	未	午	巳
巳	辰	卯	寅	丑	子	亥	戌	酉	申	未	午
午	巳	辰	卯	寅	丑	子	亥	戌	酉	申	未
未	午	巳	辰	卯	寅	丑	子	亥	戌	酉	申
申	未	午	巳	辰	卯	寅	丑	子	亥	戌	酉
酉	申	未	午	巳	辰	卯	寅	丑	子	亥	戌
戌	酉	申	未	午	巳	辰	卯	寅	丑	子	亥
亥	戌	酉	申	未	午	巳	辰	卯	寅	丑	子

說明

例如某甲，立命在戌，查本表命宮之戌欄及餘宮欄，即知父母在亥，兄弟在酉，夫妻、子女、財帛、疾厄、遷移、僕役、官祿、田宅、福德，在申、未、午、巳、辰、卯、寅、丑、子，餘類推。

試習

問：假設某乙，立命在丑，由何可得而知其十二宮之安次？

答：查本表命宮之丑欄，即可知其父母在寅，兄弟在子，夫妻、子女、財帛、疾厄、遷移、僕役、官祿、田宅、福德、在亥、戌、酉、申、未、午、巳、辰、卯。

第六章　定五行局

五行局，卽水一局、火二局、木三局、金四局、土五局是也。定法：在安妥十二宮之後，以人之生年干，按五寅冠蓋訣，求得命宮之干支；然後再按六十花甲納音歌，求得命宮干支之納音，納音爲何，卽爲何局。其訣與表分列如左：

（一）五寅冠蓋訣（舊名五虎遁）

五寅冠蓋例，甲巳丙當頭，乙庚戊爲帽。
丙辛庚作兜，丁壬壬自首，戊癸甲稱酋。

（二）六十花甲納音歌

甲子乙丑海中金，丙寅丁卯爐中火，戊辰己巳大森木，
庚午辛未路旁土，壬申癸酉劍鋒金。
甲戌乙亥山頭火，丙子丁丑澗下水，戊寅己卯城頭土，
庚辰辛巳百煉金，壬午癸未楊柳木。

甲申乙酉泉中水，丙戌丁亥屋上土，戊子己丑霹靂火，
庚寅辛卯松柏木，壬辰癸巳長流水。
甲午乙未沙中金，丙申丁酉山下火，戊戌己亥平地木，
庚子辛丑壁上土，壬寅癸卯金箔金。
甲辰乙巳佛燈火，丙午丁未天河水，戊申己酉大驛土，
庚戌辛亥釵釧金，壬子癸丑桑柘木。
甲寅乙卯大溪水，丙辰丁巳沙中土，戊午己未天上火，
庚申辛酉石榴木，壬戌癸亥大海水。

說明

例如某甲，立命在戌，如生年干爲丙，按五寅冠蓋訣，「丙辛庚作兜」，從寅位起庚，順至命宮則得出戌位之干爲戊；再按六十花甲納音歌，「戊戌己亥平地木」，則又得出戊戌之納音爲木，即爲木三局。餘類推。

試留

問：假設某乙，立命在丑，如生年干爲癸，其五行局應如何定？

答：按五寅冠蓋訣，「戊癸甲稱會」，從寅位起甲，順至命宮得出丑位之干爲乙；再按六十花甲納音歌，「甲子乙丑海中金」，得出乙丑之納音爲金，應定爲金四局。

定五行局表

生年干＼命宮	子丑	寅卯	辰巳	午未	申酉	戌亥
甲己	水	火	木	土	金	火
乙庚	火	土	金	木	水	土
丙辛	土	木	水	金	火	木
丁壬	木	金	火	水	土	金
戊癸	金	水	土	火	木	水

說明

例如某甲，立命在戌，生年干爲丙，查本表生年干之丙辛欄及命宮之戌亥欄，即知爲木三局。餘類推。

試習

問：假設某乙，立命在丑，生年干爲癸，由何可得而知其爲五行何局？

答：查本表年干之戊癸欄，及命宮之子丑欄，即可知其爲金四局。

第七章　起紫微

紫微爲衆星主曜，起法：於所屬五行局內，求得生日所在之支，即爲紫微之躔次，其訣與表分列如左：（本章各訣下有注）

（一）水一局起紫微訣

水一局中初一牛，（即水一局初一在丑也。）

單雙不論順行流，（卽不論單日雙日皆順行也。）

順行一格安兩日（即除初一在丑外，其餘皆順行一格安兩天，初二、三在寅，初四、五在卯，……兩天一位，依次順行也。）

最末一天龍抬頭（即照上法依次順行，至月終三十日適在辰也。）

（二）火二局起紫微訣

火二局中初一雞，（即火二局單日初一在酉也。）

順二兩次逆三一（即先行二格兩次，然後逆行三格一次，每次皆安一單日也。法從初一酉順行二格至亥是初三，從初三順行二格至丑是初五，從初五丑逆行三格至戌是初七；再從初七戌順行二格至子是初九，從初九子順行二格至寅是十一，從十一寅逆行三格至亥是十三，……依次往返，二十九恰在巳。）

初二數從馬頭起，（即火二局雙日初二在午也。）

逆二兩次順五一。（即先逆行二格兩次，然後順行五格一次，每次皆安一雙日也。法從初二午逆行二格至辰是初四，從初四辰逆行二格至寅是初六，從初六寅順行五格至未是初八；再從初八未逆行二格至巳是初十，從初十巳逆行二格至卯是十二，從十二卯順行五格至申是十四，……依次往返，三十恰在午。）

（三）木三局起紫微訣

木三初一龍正眠，（卽木三局單日初一在辰也。）逆二安兩日，順四安一天；（卽先逆行二格安兩天，然後順行四格安一天也。法從初一辰逆行二格至寅是初三初五，從初三初五寅順行四格至午是初七；再從初七午逆行二格至辰初九十一，從初九十一辰順行四格至申是十三，……依次往返，二十九恰在戌。）

雙日初二牛耕田，（卽木三局雙日初二在丑也。）順四安一日，逆二安兩天。（卽先順行四格安一天，然後逆行二格安兩天也。法從初二丑順行四格至巳是初四，從初四巳逆行二格至卯是初六初八；再從初六初八卯順行四格至未是初十，從初十未逆行二格至巳是十二十四，……依次往返，三十恰在亥。）

（四）金四局起紫微訣

初一猪來初二龍，金星四數紫微宮，（即金四局單日初一在亥，雙日初二在辰也。）

順二逆一安單日，（即先順行二格安一單日，然後逆行一格安一單日也。法從初一亥順行二格至丑是初三，從初三丑逆行一格至子是初五；再從初五子順行二格至寅是初七，從初七寅逆行一格至丑是初九，……依次往返，二十九恰在午。）

逆二順三雙日逢。（即先逆行二格安一雙日，然後順行三格安一雙日也。法從初二辰逆行二格至寅是初四，從初四寅順行三格至巳是初六；再從初六巳逆行二格至卯是初八，從初八卯順行三格至午是初十，……依次往返，三十恰在亥。）

（五）土五局起紫微訣

土局一馬與二豬，（即土五局單日初一在午，雙日初二在亥也。）

單日數罷雙日數，逆行二步安一日，（即逆行二格安一單日也。法從初一午逆行二格辰是初三，從初三辰逆行二格至寅是初五，……依次逆行至辰恰是二十七。）

值九移向寅辰午，（即依上法安單日初九正值戌，十九正值子，二十九正值寅。值九移向寅辰午者，即初九由戌移寅，十九由子移辰，二十九由寅移午也。）

順二三來逆二二，（即先逆行二格三次，然後逆行二格二次，每次皆安一雙日也。法從初二亥順行二格至丑是初四，從初四丑順行二格至卯是初六，從初六卯順行二格至巳是初八，從初八巳逆行二格至卯是初十，從初十卯逆行二格至丑是十二；再從十二丑順行二格至卯是十四，從十四卯順行二格至巳是十六，從十六巳順行二格至未是十八，從十八未逆行二格至巳是二十，從二十巳逆行二格至卯是二十二，……依次往返，三十恰在未。）

值六移向羊雞豬。（卽依上法安雙日，初六正值卯，十六正值巳，二十六正值未。值六移向羊雞豬者，卽初六由卯移未，十六由巳移酉，二十六由未移亥也。）

說明

例如某甲，木三局，如係初三生，按木三局起紫微訣，「木三初一龍正眠，逆二安兩日，」從初一辰逆行二格至寅是初三，卽在寅位起紫微，（參閱第廿五章某甲命盤全式）餘類推。

試習

問：假說某乙，金四局，如係十五生，其紫微應如何起？

答：按金四局起紫微訣「初一猪來……順二逆一安單日，」從初一亥順二逆一，依次往返，至辰是十五，應在辰位起紫微。

起紫微表

「注意」本表有生日欄之每一數字皆代表三日，如一爲初一、又爲十一、二十一，如水一局之第一格丑爲初一、午爲十一、亥爲二十一，餘類推。

局別＼生日	一	二	三	四	五	六	七	八	九	十
水一局	丑午亥	寅未子	寅未子	卯申丑	卯申丑	辰酉寅	辰酉寅	巳戌卯	巳戌卯	午亥辰
火二局	酉寅寅	午卯未	亥亥辰	辰申巳	丑丑丑	寅午戌	戌卯卯	未辰申	子子巳	巳酉午
木三局	辰辰申	丑巳亥	寅申申	巳巳酉	寅午子	卯酉酉	午午戌	卯未丑	辰戌戌	未未亥
金四局	亥卯辰	辰辰酉	丑寅午	寅未未	子辰巳	巳巳戌	寅卯未	卯申申	丑巳午	午午亥
土五局	午申戌	亥丑卯	辰午申	丑卯巳	寅辰午	未酉亥	子寅辰	巳未酉	寅辰午	卯巳未

說明

例如某甲，木三局初三生，查本表局別之木三局欄及生日之三欄，即知寅起紫微，餘類推。

試習

問：假設某乙，金四局，十五生，由何可得而知其起紫微之位？
答：查本表局別之金四局欄及生日之五欄，即可知其辰起紫微。

第八章 安紫微諸辰

隨紫微而安之諸辰，為天機、太陽、武曲、天同、廉貞、是也。安法：在紫微躔次之後一格起逆行，惟第一辰與第二辰須隔一格，第四辰與第五辰須隔二格，而第五辰與紫微躔次恰隔三格，方為無誤。其訣與表分列如左：

安紫微諸辰訣

紫微逆去宿天機，隔一太陽武曲移，
連接天同空二格，廉貞居處正相宜。

說明

例如某甲，寅起紫微，按上訣逆行，丑安天機，隔子一格，亥安太陽，戌安武曲，酉安天同，又隔申未兩格，午安廉貞，（參閱第廿五章某甲命盤全式）餘類推。

試習

問：假設某乙辰起紫微，其紫微諸辰應如何安？

答：辰起紫微，按上訣逆行，應卯安天機，隔寅一格，丑安太陽，子安武曲，亥安天同，又隔戌酉兩格，申安廉貞。

安紫微諸辰表

星名＼諸辰												
紫微	子	丑	寅	卯	辰	巳	午	未	申	酉	戌	亥
甲 天機	亥	子	丑	寅	卯	辰	巳	午	未	申	酉	戌
甲 太陽	酉	戌	亥	子	丑	寅	卯	辰	巳	午	未	申
甲 武曲	申	酉	戌	亥	子	丑	寅	卯	辰	巳	午	未
甲 天同	未	申	酉	戌	亥	子	丑	寅	卯	辰	巳	午
甲 廉貞	辰	巳	午	未	申	酉	戌	亥	子	丑	寅	卯

「注意」

甲級星應安在命盤十二格之右上方，（參閱第廿五章某甲命盤全式）

說明

例如某甲，辰起紫微，查本表紫微之寅欄及諸辰欄，卽知丑安天機，亥安太陽，戌安武曲，酉安天同，午安廉貞，餘類推。

試習

問：假設某乙，辰起紫微，由何可得而知其安紫微諸辰之位？

答：查本表紫微之辰欄及諸辰欄，即可知其卯安天機，丑安太陽，子安武曲，亥安天同，申安廉貞。

第九章　起天府

天府爲南斗令星，起法：依紫微爲轉移，除在寅在申紫微天府二辰係同躔外，在卯與丑，辰與子，巳與亥，午與戌，未與酉，其躔次皆斜相對立，即紫微在卯，天府即在丑；紫微在丑，天府即在卯，……如附圖。其訣與表分列如左：

紫	紫	紫	紫府
紫			府
紫			府
紫府	府	府	府

（附圖）

府	府	府	紫府
府			紫
府			紫
紫府	紫	紫	紫

起天府訣

天府南斗令，常對紫微君，丑卯相更迭，未酉互爲根，往來午與戌，蹀躞子和辰，巳亥交馳騁，同位在寅申。

說明

例如某甲，寅起紫微，按上訣「同位在寅辰」即紫微在寅，天府亦在寅，（參閱第廿五章某甲命盤全式）餘類推。

試習

問：假設某乙，辰起紫微，其天府如何起？

答：按上訣「蹀躞子和辰」，應子起天府。

起天府表

紫微	子	丑	寅	卯	辰	巳	午	未	申	酉	戌	亥
天府	辰	卯	寅	丑	子	亥	戌	酉	申	未	午	巳

說明

例如某甲，寅起紫微，查本表紫微之寅之並立之格，即知天府亦是寅起。

試習

問：假設某乙，辰起紫微，由何可得而知其起天府之位？

答：查本表紫微之辰之並立之格，即可知子起天府。

第十章　安天府諸辰

隨天府而安之諸辰，爲太陰、貪狼、巨門、天相、天梁、七煞、破軍、是也。安法：在天府躔次之前一格起順行，惟第六辰與第七辰須隔三格，而第七辰與天府躔次恰隔一格，方爲無誤。其訣與表分列如左：

安天府諸辰訣

天府順行有太陰，貪狼而後巨門臨，
隨來天相天梁繼，七煞空三是破軍。

說明

例如某甲，寅起天府，按上訣順行，卯安太陰，辰安貪狼、巳安巨門、午安天相、未安天梁、申安七煞、隔酉戌亥三格，子安破軍，（參閱第廿五章某甲命盤全式）餘類推。

試習

問：假設某乙子起天府，其天府諸辰應如何安？

答：子起天府，按上訣順行，應丑安太陰、寅安貪狼、卯安巨門、辰安天相、巳安天梁、午安七煞、隔未申酉三格，戌安破軍。

安天府諸辰表

星曜／諸辰	甲						
天府	太陰	貪狼	巨門	天相	天梁	七煞	破軍
子	丑	寅	卯	辰	巳	午	戌
丑	寅	卯	辰	巳	午	未	亥
寅	卯	辰	巳	午	未	申	子
卯	辰	巳	午	未	申	酉	丑
辰	巳	午	未	申	酉	戌	寅
巳	午	未	申	酉	戌	亥	卯
午	未	申	酉	戌	亥	子	辰
未	申	酉	戌	亥	子	丑	巳
申	酉	戌	亥	子	丑	寅	午
酉	戌	亥	子	丑	寅	卯	未
戌	亥	子	丑	寅	卯	辰	申
亥	子	丑	寅	卯	辰	巳	酉

說明

例如某甲，寅起天府，查本表天府之寅欄及諸辰欄，即知卯安太陰、辰安貪狼、巳安巨門、午安天相、未安天梁、申安七煞、隔酉戌亥三格、子安破軍，餘類推。

試習

問：假如某乙，子起天府，由何可得而知其安天府諸辰之位？

答：查本表天府之子欄及諸辰欄，即可知其丑安太陰，寅安貪狼、卯安巨門、辰安天相、巳安天梁、午安七煞、隔未申酉三格，戌安破軍。

第十一章　安月系諸辰

月系諸辰，爲一系與生月有關之天姚，天刑，左輔、右弼、天馬、解神是也。安法：天姚丑起正月，天刑酉起正月，左輔辰起正月，順推至生月；右弼戌起正月，逆推至生月；天馬亥卯未月在巳，申子辰月在寅，巳酉丑月在亥，寅午戌月在申；解神正二月在申，三四月在戌，五六月在子，七八月在寅，九十月在辰，十一十二月在午。其訣與表如左：

安月系諸辰訣

姚順丑兮刑順酉，右逆戌左兮順辰，
各有前程相等待，途逢生月便停身；
亥卯未月馬見巳，申子辰月馬見寅，
巳酉丑月馬見亥，寅午戌月馬見申；
正二解申三四戌，五六解子七八寅，
十一十二解當午，九十之辰是解神。

說明

例如某甲，四月生，按上訣首四句，從丑起正月，順推至辰安天姚，從酉起正月。順推至子安天刑，從辰起正月，順推至未安左輔，從戌起正月，逆推至未安右弼；按上訣中四句，四月爲巳月，亥安天馬；按上訣後四句，四月解神在戌，（參閱第二十五章某甲命盤全式）類類推。

試習

問：假設某乙，正月生，月系諸辰應如何安？

答：按上訣首四句，正月天姚應在丑，天刑應在酉，左輔應在辰，右弼應在戌；按上訣中四句，正月爲寅月，天馬應在申；按上訣後四句，正月解神亦應在申。

安月系諸辰表

星級	辰名＼生月	正	二	三	四	五	六	七	八	九	十	十一	十二
乙	天姚	丑	寅	卯	辰	巳	午	未	申	酉	戌	亥	子
乙	天刑	酉	戌	亥	子	丑	寅	卯	辰	巳	午	未	申
甲	左輔	辰	巳	午	未	申	酉	戌	亥	子	丑	寅	卯
甲	右弼	戌	酉	申	未	午	巳	辰	卯	寅	丑	子	亥
乙	天馬	申	巳	寅	亥	申	巳	寅	亥	申	巳	寅	亥
乙	解神	申		戌		子		寅		辰		午	

「注意」

乙級星應安在命盤十二格之左上方（參閱第廿五章某甲命盤全式）

說明

例如某甲，四月生，查本表生月之四欄及辰名欄，即知天姚在辰、天刑在子、左輔右弼在未，天馬在亥、解神在戌，餘類推。

試習

問：假設某乙，正月生，由何可得而知其安月系諸之位。

答：查本表生月之正欄及辰名欄，即可知其天姚在丑、天刑在酉、左輔在辰、右弼在戌、天馬解神在申。

第十二章　安時系諸辰

時系諸辰，爲一系與生時有關之文曲、文昌、天空、地劫、火星、鈴星是也。安法：文曲從辰起子時，順推至生時；文昌從戌起子時，逆推至生時；天空從亥起子時，逆推至生時；地劫從亥起子時，順推至生時；火星鈴星先依生年支取得起位後，再各從起位起子時，順推至生時。其訣與表分列如左：

(二)安文曲文昌天空地劫訣

曲順辰兮戌逆昌，生時到處是文鄉；
亥宮起子逆和順，逆是空方順劫方。

說明

例如某甲，未時生，按上訣前二句，從辰起子時，順推至亥安文曲，從戌起子時，逆推至卯安文昌；按上訣後二句，從亥起子時，逆推至辰安天空，順推至午安地劫，(參閱第二十五章某甲命盤全式)餘類推。

試習

問：假設某乙，丑時生，文曲文昌天空地劫應如何安？
答：按上訣前二句，應從辰起子時，順推至巳安文曲，從戌起子時，逆推至酉安文昌；按上訣後二句，應從亥起子時，逆推至戌安天空，順推至子安地劫。

(二)安火星鈴星訣

寅午戌年丑卯起，申子辰年寅戌揚，巳酉丑年卯戌始，亥卯未年酉戌翔，再從始處來起子，順至生時是炎鄉。

說明

例如某甲，辰年未時生，按上訣「申子辰年寅戌揚」，從寅起子時，順推至酉安火星，從戌起子時，順推至巳安鈴星，(參閱第二十五章某甲命盤全式)餘類推。

試留

問：假如某乙，巳年丑時生，火星鈴星應如何安？

答：巳年丑時生，按上訣「巳酉丑年卯戌始」，應從卯起子時，順推至辰安火星，從戌起子時，順推至亥安鈴星。

安時系諸辰表

星級 / 生年支 / 辰名 / 生時	甲		乙		甲							
					寅午戌		申子辰		巳酉丑		亥卯未	
	曲	昌	空	劫	火	鈴	火	鈴	火	鈴	火	鈴
子	辰	戌	亥	亥	丑	卯	寅	戌	卯	戌	酉	戌
丑	巳	酉	戌	子	寅	辰	卯	亥	辰	亥	戌	亥
寅	午	申	酉	丑	卯	巳	辰	子	巳	子	亥	子
卯	未	未	申	寅	辰	午	巳	丑	午	丑	子	丑
辰	申	午	未	卯	巳	未	午	寅	未	寅	丑	寅
巳	酉	巳	午	辰	午	申	未	卯	申	卯	寅	卯
午	戌	辰	巳	巳	未	酉	申	辰	酉	辰	卯	辰
未	亥	卯	辰	午	申	戌	酉	巳	戌	巳	辰	巳
申	子	寅	卯	未	酉	亥	戌	午	亥	午	巳	午
酉	丑	丑	寅	申	戌	子	亥	未	子	未	午	未
戌	寅	子	丑	酉	亥	丑	子	申	丑	申	未	申
亥	卯	亥	子	戌	子	寅	丑	酉	寅	酉	申	酉

說明

例如某甲，未時生，查本表生時之未欄及辰名欄，卽知文曲在亥，文昌在卯，天空在辰，地劫在午；又例如某甲，係辰年生，查本表生年支之申子辰欄及生時之未欄與辰名欄，即知火星在酉，鈴星在巳。

試習

問：假設某乙，丑時生，由何可得而知其安文曲文昌天空地劫之位？
答：查本表生時之丑欄及辰名欄，卽可知文曲文昌天空地劫在巳酉戌子。
問：假設某乙，係巳年生，由何可得而知其安火星鈴星之位？
答：巳年生，查本表生年支之巳酉丑欄及生時之丑欄與辰名欄，卽可知其火星在辰鈴星在亥。

第十三章　安干系諸辰

干系諸辰，爲一系與生年干有關之天祿、羊刃、陀羅、天魁、天鉞、化祿、化權、化科、化忌，天福，天官是也。安法：天祿，甲年年寅，乙年在卯，丙戊年在巳，丁己年在午，庚年在申，辛年在酉，壬年在亥，癸年在子；羊刃，在天祿前一位；陀羅在天祿後一位；天魁，天鉞，甲戊庚年在丑未，乙己年在子申，丙丁年在亥酉，辛年在寅午，壬癸年在卯巳；化祿、化權、化科、化忌、甲年化在廉破武陽，乙年化在機梁紫陰，丙年化在同機昌廉，丁年化在陰同機巨，戊年化在貪陰右機，己年化在武貪梁曲，庚年化在陽武陰同，辛年化在巨陽曲昌，壬年化在梁紫左武，癸年化在破巨陰貪。其訣與表分列如左：

(一)安天祿訣

甲寅乙卯丙戊巳，丁己午兮祿所止，
庚祿見申辛祿酉，壬祿見亥癸祿子。

說明

例如某甲，丙年生，按上訣「甲寅乙卯丙戊巳」即丙年，巳安天祿，餘類推。

（參觀第二十五章某甲命盤全式）

試習

問：假設某乙，癸年生，天祿應如何安？

答：按上訣「壬祿見亥癸祿子」，即癸年，應子安天祿。

（二）安羊刃陀羅訣

安頓羊陀處，首先看祿辰，祿前羊刃地，祿後陀羅村。

說明

例如某甲，丙年生，按上訣，丙年天祿見巳，即天祿前一位午安羊刃，天祿後一位辰安陀羅，（參閱第二十五章某甲命盤全式）餘類推。

試習

問：假試某乙，癸年生，羊刃陀羅，應如何安？

答：按上訣，癸年祿見子，應於天祿前一位丑安羊刃，天祿後一位亥安陀羅。

㈢安天魁天鉞訣

十干貴人鄉，甲戊庚牛羊，乙己鼠猴地，

丙丁猪鷄方，惟辛虎馬守，壬癸兎蛇藏。

說明

例如某甲，丙年生，按上訣「丙丁猪鷄方」，即丙年，天魁見亥，天鉞見酉，

（參閱第二十五章某甲命盤全式）餘願推。

試習

問：假設某乙，癸年生，天魁天鉞，應如何安？

答：按上訣，「壬癸兎蛇藏」癸年，天魁應在卯，天鉞應在巳。

（四）安天福天官訣

甲鷄羊，乙猴龍，
丙鼠蛇兮丁猪虎，己虎鷄兮戊兎同，
庚與馬猪會，壬與馬狗通，
辛蛇鷄共見，癸蛇馬相逢。

說明

例如某甲，丙年生，按上訣，「丙鼠蛇兮……，」即丙年，天福在子，天官在巳，（參閱第二十五章某甲命盤全式）餘類推。

試習

問：假設某乙，癸年生，天福天官，應如何安？
答：按上訣，「癸蛇馬相逢」，癸年，天福應在巳，天官應在午。

（五）安化祿化權化科化忌

甲廉破武太陽會，乙機梁紫太陰臨，

丙同機昌廉貞友，丁陰同機巨門親，戊貪陰右天機伴，己武貪梁文曲鄰，庚陽武陰天同合，辛巨陽曲文昌尋，壬梁紫左武曲集，癸破巨陰貪狼侵。

說明

例如某甲，丙年生，按上訣，「丙同機昌廉貞友」，即丙年，化祿在天同，化權在天機，化科在文昌，化忌在廉貞，(參閱第二十五章某甲命盤全式)餘類推。

試習

問：假設某乙，癸年生，化祿化權化科化忌，應如何安？

答：按上訣「癸破巨陰貪狼侵」，癸年，破軍應化祿，巨門應化權，太陰應化科，貪狼應化忌。

安干系諸辰表

星辰 / 辰別 / 年干	甲									乙	
	祿存	羊刃	陀羅	天魁	天鉞	化祿	化權	化科	化忌	天福	天官
甲	寅	卯	丑	丑	未	廉	破	武	陽	酉	未
乙	卯	辰	寅	子	申	機	梁	紫	陰	申	辰
丙	巳	午	辰	亥	酉	同	機	昌	廉	子	巳
丁	午	未	巳	亥	酉	陰	同	機	巨	亥	寅
戊	巳	午	辰	丑	未	貪	陰	右	機	卯	卯
己	午	未	巳	子	申	武	貪	梁	曲	寅	酉
庚	申	酉	未	寅	午	陽	武	陰	同	午	亥
辛	酉	戌	申	寅	午	巨	陽	曲	昌	巳	酉
壬	亥	子	戌	卯	巳	梁	紫	左	武	午	戌
癸	子	丑	亥	卯	巳	破	巨	陰	貪	巳	午

「注意」化祿，化權，化科，化忌，應繫於化星之下。（參閱第廿五章某甲命盤全式）

說明

例如某甲，丙年生，查本表生年干之丙欄及辰名欄，即知天祿，羊刃、陀羅、天魁、天鉞、天福、天官、在巳、午、辰、亥、酉、子、巳，化祿，化權，化科，化忌，在同，機，昌，廉。

試習

問：假設某乙，癸年生，由何可得而知其安祿羊陀魁鉞福官及四化之位？

答：查本表生年干之癸欄及辰名欄，即可知其祿、羊、陀、魁、鉞、福、官，在子、丑、亥、卯、巳、午、四化，在破、巨、陰、貪。

第十四章　安支系諸辰

支系諸辰，爲一系與生年支有關之紅鸞、天喜、孤辰、寡宿、蜚廉是也。

安法：紅鸞，子年起卯逆行；天喜，子年起酉逆行；孤辰、寡宿、亥子丑年在寅戌，寅卯辰在巳丑，巳午未年在申辰，申酉戌年在亥未；蜚廉，子丑寅年在申酉戌，卯辰巳年在巳午未，午未申年在寅卯辰，酉戌亥年在亥子丑。其訣與表分列如左：

（二）安紅鸞天喜訣

紅鸞子起卯，天喜子起酉，
逆行十二辰，兩星相對走。

（即紅鸞子年起卯逆行，丑年在寅，寅年在丑，卯年在子是也，……天喜類推。）

說明

例如某甲，辰年生，按上訣，辰年，紅鸞在亥，天喜在巳，（參閱第二十五章某甲命盤全式）餘類推。

試習

問：假設某乙，巳年生，紅鸞，天喜，應如何安？
答：按上訣，紅鸞，應在戌，天喜應在辰。

(二)安孤辰寡宿訣

亥子丑年尋虎狗，(即亥子丑年，孤辰在寅，寡宿在戌是也，餘年仿此類推。)

寅卯辰年訪蛇牛，

巳午未年猴龍入，

申酉戌年猪羊求。

說明

例如某甲，辰年生，按上訣，「寅卯辰年訪蛇牛」，即辰年，孤辰在巳，寡宿在丑，(參閱第二十五章某甲命盤全式)餘類推。

試習

問：假設某乙，巳年生，孤辰，寡宿，應如何安？

答：按上訣，「巳午未年猴龍入」，孤辰應在申，寡宿應在辰。

（三）安飛廉訣

子丑寅年朝酉向，（酉向申酉戌也，（見第三章）即飛廉子年在申，丑年在酉，寅年在戌是也。餘年仿此類推）。
卯辰巳年對南方，
午未申年東邊入，
酉戌亥年北地藏。

說明

例如某甲，辰年生，按上訣，「卯辰巳年對南方」，南方巳午未也，即辰年飛廉在午是也，（參閱第二十五章某甲命盤全式）餘類推。

試習

問：假設某乙，巳年生，飛廉，應如何安？
答：按上訣「卯辰巳年對南方」，南方巳午未也，即巳年飛廉應在未。

安支系諸辰表

乙

年支＼辰名	紅鸞	天喜	孤辰	寡宿	飛廉
子	卯	酉	寅	戌	申
丑	寅	申	寅	戌	酉
寅	丑	未	巳	丑	戌
卯	子	午	巳	丑	巳
辰	亥	巳	巳	丑	午
巳	戌	辰	申	辰	未
午	酉	卯	申	辰	寅
未	申	寅	申	辰	卯
申	未	丑	亥	未	辰
酉	午	子	亥	未	亥
戌	巳	亥	亥	未	子
亥	辰	戌	寅	戌	丑

說明

例如某甲，辰年生，查本表生年支之辰欄及辰名欄，即知辰年紅鸞在亥，天喜在巳，孤辰在巳，寡宿在丑，飛廉在午，餘類推。

試習

問：假設某乙，巳年生，由何可得而知其安支系諸辰之位？

答：查本表生年支之巳欄及辰名欄，即可知其紅鸞在戌，天喜在辰，孤辰在申，寡宿在辰，飛廉在未。

第十五章　安長生十二神

長生十二神，爲一系與四生之局有關之長生，沐浴、冠帶、臨官、帝旺、衰、病、死、墓、絕、胎、養是也。安法：水一局長生在申，火二局長生在寅，木三局長生在亥，金四局長生在巳，土五局長生在申，其餘諸神，男從長生前一位起依次順安，女從長生後一位起依次逆安。其訣如表分列如左：

安長生十二神訣

水生於申火生寅，木生於亥土生申，

金生於巳須切記，男順女逆莫亂眞。

長生沐浴及冠帶，臨官帝旺衰病跟，
死墓絕胎養最後，此是長生十二神。

說明

例如某甲，木三局，男命，按上訣，「木生於亥……，」即木三局長生在亥，男命從亥前一位起，順安其餘諸神，沐浴在子，冠帶在丑，……養在戌，（參閱第二十五章某甲命盤全式）餘類推。

試習

問：假設某乙，金四局，女命，長生十二神應如何安？
答：按上訣，「金生於巳……，」長生應在巳，女命應從巳後一位起，逆安其餘諸神，沐浴應在辰，冠帶應在卯，……養應在午。

安長生十二神表

星級		丙											
五行	順逆	長生	沐浴	冠帶	臨官	帝旺	衰	病	死	墓	絕	胎	養
水	男	申	酉	戌	亥	子	丑	寅	卯	辰	巳	午	未
	女		未	午	巳	辰	卯	寅	丑	子	亥	戌	酉
火	男	寅	卯	辰	巳	午	未	申	酉	戌	亥	子	丑
	女		丑	子	亥	戌	酉	申	未	午	巳	辰	卯
木	男	亥	子	丑	寅	卯	辰	巳	午	未	申	酉	戌
	女		戌	酉	申	未	午	巳	辰	卯	寅	丑	子
金	男	巳	午	未	申	酉	戌	亥	子	丑	寅	卯	辰
	女		辰	卯	寅	丑	子	亥	戌	酉	申	未	午
土	男	申	酉	戌	亥	子	丑	寅	卯	辰	巳	午	未
	女		未	午	巳	辰	卯	寅	丑	子	亥	戌	酉

「注意」丙級星，應安在命盤十二格之中央。

（參閱第廿五章某甲命盤全式）

說明

例如某甲，木三局，男命，查本表五行木欄之男欄及辰名欄，即知木三局男命，長生在亥，沐浴在子，冠帶在丑，……養在戌，餘類推。

試習

問：假設某乙，金四局，女命，由何可得而知其安長生十二神之位？

答：查本表五行局金欄之女欄及辰名欄，即可知金四局女命，長生在巳，沐浴在辰，冠帶在卯，……養在午。

第十六章　安截空

截空，即截路空亡，爲與五合有關之空亡神。（注：五合，即甲與巳合，乙與庚合，丙與辛合，丁與壬合，戊與癸合，附誌於此，習者記取之。）安法甲巳年申酉空，乙庚年午未空，丙辛年辰巳空，丁壬年寅卯空，戊癸年子丑空。其訣與表分列如左：

安截空訣

截路空亡處，甲巳申酉空，
乙庚是午未，丙辛辰巳同，
戊癸是子丑，丁壬寅卯從。

說明

例如某甲，丙年生，按上訣，「丙辛辰巳同」，即丙年截空在辰巳，（參閱第二十五章某甲命盤全式）餘類推。

試習

問：假設某乙，癸年生，截空，應如何安？

答：按上訣，「戊癸是子丑」，癸年，截空，應在子丑。

安截空表

年干／星級／辰名	甲 己	乙 庚	丙 辛	丁 壬	戊 癸
丙					
截路空亡	申 酉	午 未	辰 巳	寅 卯	子 丑

說明

例如某甲，丙年生，查本表生年干丙辛欄，即知丙年截空在辰巳，餘類推。

試習

問：假設某乙，癸年生，由何可得而知其安截空之位？

答：查本表戊癸欄，即可知癸年截空在子丑。

第十七章　安旬空

旬空，即旬中空亡，為與六甲及生年干支有關之空亡神。（注：以十干輪配十二支，循環輪配，得六甲旬，如甲子至癸酉為一旬，而戌亥即為旬空；甲戌至癸未為一旬，而申酉即為旬空是也。）安法：甲子旬年戌亥空，甲戌旬年申酉空，甲申旬年午未空，甲午旬年辰巳空，甲辰旬年寅卯空，甲寅旬年子丑空。其訣與表分列如左：

安旬中空亡訣

甲子空戌亥，甲戌亡申酉，
甲申午未絕，甲午辰巳休，
甲辰沒寅卯，甲寅無子丑。

說明

例如某甲，丙辰年生，丙辰屬於六甲之甲寅旬，按上訣，「甲寅無子丑」，即丙辰年子丑是旬空，（參閱第二十五章某甲命盤全式）餘類推。

試習

問：假設某乙，癸巳年生，旬空，應如何安？

答：癸巳屬亠甲之申申旬，按上訣，「甲申午未絕」，癸巳年旬空應爲午未。

安旬空表

空	戌	申	午	辰	寅	子
旬中	亥	酉	未	巳	卯	丑
甲	子	戌	申	午	辰	寅
乙	丑	亥	酉	未	巳	卯
丙	寅	子	戌	申	午	辰
丁	卯	丑	亥	酉	未	巳
戊	辰	寅	子	戌	申	午
己	巳	卯	丑	亥	酉	未
庚	午	辰	寅	子	戌	申
辛	未	巳	卯	丑	亥	酉
壬	申	午	辰	寅	子	戌
癸	酉	未	巳	卯	丑	亥

說明

例如某甲，丙年生，查本表旬中丙欄之辰及空欄，即知丙辰年旬中空亡在子丑，餘類推。

試留

問：假設某乙，癸巳年生，由何可得而知其安旬中空亡之位？

答：查本表旬中癸欄之巳及空欄，即可知癸巳年旬中空亡在午未。

第十八章　安使傷

使傷，即天使，天傷是也。安法：天使永在命宮前五位之僕役宮，天傷永在命宮後五位之疾厄宮，固定不移。其訣與表分列如左：

安使傷訣

使不離僕，傷不離疾，

命有萬變，此則不易。

說明

例如某甲，立命在戌，即在卯安天使，在巳安天傷，因卯爲其僕役宮，巳爲其疾厄宮也，（參閱第二十五章某甲命盤全式）餘類推。

試習

問：假設某乙，立命在丑，使傷應如何安？

答：應在午安天使，申安天傷，因午爲其僕役宮，申爲其疾厄宮也。

安使傷表

星級	星名＼辰名 命宮	子	丑	寅	卯	辰	巳	午	未	申	酉	戌	亥
丙	天使	巳	午	未	申	酉	戌	亥	子	丑	寅	卯	辰
	天傷	未	申	酉	戌	亥	子	丑	寅	卯	辰	巳	午

例如某甲，立命在戌，查本表命宮戌欄及使傷欄，即知天使在卯，天傷在巳，餘類推。

說明

試習

問：假設某乙，立命在丑，由何可得而知其安使傷之位？

答：查本表命宮丑欄及使傷欄，即可知其天使在午，天傷在申。

第十九章　安命主身主

命主，即命之所主，身主，即身之所主。安法：命主，以立命之宮，求其命之所主之星，子命貪狼，午命破軍，丑亥命巨門，寅戌命天祿，卯酉命文曲，辰申命廉貞，巳未命武曲；身主，以生年之支求其身之所主之星，子午年火星，丑未年天相，寅申年天梁，卯酉年天同，辰戌年文昌，巳亥年天機。其訣與表分列如左：

(一)安命主訣

子命主貪狼，午命主破軍，凡命皆有主，丑亥問巨門，
巳未曲爲武，卯酉曲爲文，辰申廉貞位，寅戌位祿存。

說明

例如某甲，立命在戌，按上訣，「寅戌位祿存，」即戌命之命主在祿存，(天祿一名祿存)(參閱第二十五章某甲命盤全式)餘類推。

試習

問：假設某乙，立命在丑，命主，應如何安？

答：按上訣「丑亥同巨門」丑命之命主應爲巨門。

(二)安身主訣

生年尋身主，使身有所棲，子午火星住，卯酉天同齊，
寅申天梁屬，巳亥屬天機，辰戌昌昌盛，丑未相相宜。

說明

例如某甲，生年辰，按上訣「辰戌昌昌盛，」即辰年生之身主是文昌，（參閱第二十五章某甲命盤全式）餘類推。

試習

問：假設某乙，巳年生，身主，應如安？

答：按上訣，「巳亥屬天機，」巳年生之身主，應是天機。

安命主身主合表

命年／身命	子	丑	寅	卯	辰	巳	午	未	申	酉	戌	亥
命主	貪	巨	祿	曲	廉	武	破	武	廉	曲	祿	巨
身主	火	相	梁	同	昌	機	火	相	梁	同	昌	機

「注意」命主，身主，應繫於所主星下。（參閱第廿五章某甲命盤全式）

說明

例如某甲，立命在戌，**生年辰**，查本表命年之戌辰兩欄，卽知戌命之命主爲天祿，辰年之身主爲文昌。

試習

問：假設某乙，立命丑，生年巳，由何可得而知其安命主身主之星？

答：查本表命年之丑巳兩欄，卽可知丑命命主爲巨門，巳年身主爲天機。

第二十章　起大限

大限，卽十年一轉之大運限也。起法：從命宮起，陽男陰女順行，陰男陽女逆行，行一宮，限十年，故曰大限。水一局命，行限由一至十，火二局命，行限由二至十一，木三局命，行限由三至十二，金四局命，行限由四至十三，土五局命，行限由五至十四。其訣與表分列如左：

起大限訣

大限初行起命中，十年一度換行宮，
陽男陰女順方轉，陽女陰男逆處通，
若問限行何歲起，五行分局數爲宗。

說明

例如某甲，陽男，木三局，現年卅四歲，按上訣，從命宮起三歲至十二歲之十年大限，順行至田宅宮，即其卅三歲至四十二歲之十年大限宮（參閱第二十五章某甲命盤全式）餘類推。

試習

問：假設某乙，陰女，金四局，現年五十七歲，現行大限應如何起？

答：應從命宮起四歲至十三歲之十年大限，順行至僕役宮，卽其五十四歲至六十三歲之現行十年大限宮。

起大限表

大限宮＼五行局	水一局 順	水一局 逆	火二局 順	火二局 逆	木三局 順	木三局 逆	金四局 順	金四局 逆	土五局 順	土五局 逆
命宮	一	一	二	二	三	三	四	四	五	五
父母	一一	一一一	一二	一一二	一三	一一三	一四	一一四	一五	一一五
福德	二一	一〇一	二二	一〇二	二三	一〇三	二四	一〇四	二五	一〇五
田宅	三一	九一	三二	九二	三三	九三	三四	九四	三五	九五
官祿	四一	八一	四二	八二	四三	八三	四四	八四	四五	八五
僕役	五一	七一	五二	七二	五三	七三	五四	七四	五五	七五
遷移	六一	六一	六二	六二	六三	六三	六四	六四	六五	六五
疾厄	七一	五一	七二	五二	七三	五三	七四	五四	七五	五五
財帛	八一	四一	八二	四二	八三	四三	八四	四四	八五	四五
子女	九一	三一	九二	三二	九三	三三	九四	三四	九五	三五
夫妻	一〇一	二一	一〇二	二二	一〇三	二三	一〇四	二四	一〇五	二五
兄弟	一一一	一一	一一二	一二	一一三	一三	一一四	一四	一一五	一五

註一　順欄，陽男陰女用；逆欄，陽女陰男用。

註二　數字格，一格十歲。

說明

例如某甲，木三局，陽男，現年卅四歲，查本表五行局之木三局欄及大限值宮之命宮欄，即知大限起自三歲，再查木三局欄順欄之三三，即知現行大限在田宅宮，餘類推。

試習

問：假設某乙，金四局，陰女，現年五十七歲，在本表如何始可查得其大限起自何歲？現行十年大限在何宮？

答：金四局，陰女，現年五十七歲，查本表五行局之金四局欄及大限值宮之命宮欄，即可知其大限起自四歲，再查金四局欄順欄之五四欄，即可知其現行大限在僕役宮。

第二十一章　起小限

小限，即一年一轉之小運限也。起法：從生年三合墓庫之冲位起，男順行，女逆行，行一宮，限一年，故曰小限。申子辰年生人，行限戌起一歲，亥卯未年生人，行限丑起一歲，寅午戌年生人，行限辰起一歲，巳酉丑年生人，行限，未起一歲。其訣與表分列如左：

起小限訣

小限一年一度逢，男順女逆不相同，
申子辰人戌位起，亥卯未人在丑中，
寅午戌人辰上始，巳酉丑人與未冲。

說明

例如某甲，辰年生，男命，現年卅四歲，按上訣，「申子辰人戌位起，」即從戌位起一歲，順行三輪至酉爲卅六歲，再從酉逆回至未，正爲其現年卅四歲之現行小限，（參閱第二十五章某甲命盤全式）餘類推。

試習

問：假設某乙，巳年生，女命，現年五十七歲，小限應如何起？

答：按上訣，「巳酉丑人與未冲，」應從未起一歲，逆行四輪至申爲四十八歲，再從申逆進亥，正爲其現年五十七歲之現行小限。

起小限表

小限之歲										小限值宮 申子辰 男	申子辰 女	亥卯未 男	亥卯未 女	寅午戌 男	寅午戌 女	巳酉丑 男	巳酉丑 女
一	一三	二五	三七	四九	六一	七三	八五	九七	一〇九	戌	戌	丑	丑	辰	辰	未	未
二	一四	二六	三八	五〇	六二	七四	八六	九八	一一〇	亥	酉	寅	子	巳	卯	申	午
三	一五	二七	三九	五一	六三	七五	八七	九九	一一一	子	申	卯	亥	午	寅	酉	巳
四	一六	二八	四〇	五二	六四	七六	八八	一〇〇	一一二	丑	未	辰	戌	未	丑	戌	辰
五	一七	二九	四一	五三	六五	七七	八九	一〇一	一一三	寅	午	巳	酉	申	子	亥	卯
六	一八	三〇	四二	五四	六六	七八	九〇	一〇二	一一四	卯	巳	午	申	酉	亥	子	寅
七	一九	三一	四三	五五	六七	七九	九一	一〇三	一一五	辰	辰	未	未	戌	戌	丑	丑
八	二〇	三二	四四	五六	六八	八〇	九二	一〇四	一一六	巳	卯	申	午	亥	酉	寅	子
九	二一	三三	四五	五七	六九	八一	九三	一〇五	一一七	午	寅	酉	巳	子	申	卯	亥
一〇	二二	三四	四六	五八	七〇	八二	九四	一〇六	一一八	未	丑	戌	辰	丑	未	辰	戌
一一	二三	三五	四七	五九	七一	八三	九五	一〇七	一一九	申	子	亥	卯	寅	午	巳	酉
一二	二四	三六	四八	六〇	七二	八四	九六	一〇八	一二〇	酉	亥	子	寅	卯	巳	午	申

說明

例如某甲，辰年生，男命，現年卅四歲，查本表生年支之申子辰欄之男欄及小限之歲之「一」與「三四」，卽知其一歲小限起戌，年三十四歲之現行小限在未，參閱第二十五章某甲命盤全式）餘類推。

試習

問：假設某乙，巳年生，女命，現年五十七歲，在本表如何始可查得其一歲小限在何位起？現行小限在何位？

答：巳年生，女命，現年五十七歲，查本表生年支之巳酉丑之女欄及小限之歲之「一」與「五七」，卽可知其一歲小限起未，現年五十七歲之現行小限在亥。

第二十二章　安流年將前諸辰

流年將前諸辰，爲一行順列在流年將星前衛之攀鞍，歲驛，死氣，華蓋，劫煞，災煞，天煞，指背，咸池，月煞，亡神是也。安法：將星駐節之地有四，申子辰年在子，亥卯未年在卯，寅午戌年在午，巳酉丑年在酉，其餘諸辰駐地亦止有四，且皆惟將令是從，順次列於將星前衛，故名。其訣與表分列如左：

安流年將前諸辰訣

申子辰年將星子，亥卯未年卯將星，
寅午戌將午上駐，酉巳丑將酉上停，
攀鞍歲驛並息神，華蓋劫煞災煞經，
天煞指背咸池續，月煞亡神次第行。

說明

例如某甲值流年為丑，按上訣，「巳酉丑將酉上停，」即流年丑，將星在酉，從酉前一位起，順安其餘諸辰，攀鞍在寅，……亡神在申，（參閱第二十五章某甲命盤全式）餘類推。

試習

問：假設某乙，値流年爲丑，流年將前諸辰應如何安？

答：某乙與某甲年齡雖有別，而流年則人人所同，某甲流年將前諸辰如何安，某乙亦應如何安，惟流年雖人所相同，安流年將前諸辰雖亦人無二致，但安入命盤，因人人命盤之不同，孰吉孰凶，大相逕庭矣。

安流年將前諸辰表

星級	丁			戊	丁	戊						
辰名／年支	將星	攀鞍	歲驛	息神	華蓋	劫煞	災煞	天煞	指背	咸池	月煞	亡神
申子辰	子	丑	寅	卯	辰	巳	午	未	申	酉	戌	亥
亥卯未	卯	辰	巳	午	未	申	酉	戌	亥	子	丑	寅
寅午戌	午	未	申	酉	戌	亥	子	丑	寅	卯	辰	巳
巳酉丑	酉	戌	亥	子	丑	寅	卯	辰	巳	午	未	申

「注意」丁級星，應安在命盤十二格右下方；戊級星，安在命盤十二格左下方。

說明

例如某甲，流年在丑，查本表歲支巳酉丑欄及辰名欄，即知流年丑將星在酉，攀鞍在戌，……亡神在申，餘類推。

試習

問：假設某乙，流年爲丑，由何可得而知其安流年將前諸辰之地。

答：前答已明，雖查本表亦無以異也。

第二十三章　安流年歲前諸辰

流年歲前諸辰，爲一行順列在流年歲建前方之晦氣，喪門，貫索，官符，小耗，大耗，龍德，白虎，天德，弔客，病符，是也。安法：流年歲建，每年輪易，逢歲序進，流年子，太歲建子，流年丑，太歲建丑，……其餘諸辰亦每年輪易，逢歲序進，且皆惟歲首是瞻，順次列於太歲前方，故名。其訣與表分列如左：

安流年歲前諸辰訣

太歲一年一換替，歲前首先是晦氣，
喪門貫索及官符，小耗大耗龍德繼，
白虎天德連弔客，病符居後須當記。

說明

例如某甲，流年爲丑，按上訣，丑年太歲建丑，即從丑前一位起，順安其餘諸辰，晦氣在寅，……病符在亥，（參閱第二十五章某甲命盤全式）餘類推。

試習

問：假設某乙，流年爲丑，流年歲前諸辰應如何安？

答：此節情形與前章無異，既經前章答明，茲不復贅。

流年歲前諸辰表

星級	丁	戊						丁	戊	丁	戊	
星名／歲支	歲建	晦氣	喪門	貫索	官符	小耗	大耗	龍德	白虎	天德	弔客	病符
子	子	丑	寅	卯	辰	巳	午	未	申	酉	戌	亥
丑	丑	寅	卯	辰	巳	午	未	申	酉	戌	亥	子
寅	寅	卯	辰	巳	午	未	申	酉	戌	亥	子	丑
卯	卯	辰	巳	午	未	申	酉	戌	亥	子	丑	寅
辰	辰	巳	午	未	申	酉	戌	亥	子	丑	寅	卯
巳	巳	午	未	申	酉	戌	亥	子	丑	寅	卯	辰
午	午	未	申	酉	戌	亥	子	丑	寅	卯	辰	巳
未	未	申	酉	戌	亥	子	丑	寅	卯	辰	巳	午
申	申	酉	戌	亥	子	丑	寅	卯	辰	巳	午	未
酉	酉	戌	亥	子	丑	寅	卯	辰	巳	午	未	申
戌	戌	亥	子	丑	寅	卯	辰	巳	午	未	申	酉
亥	亥	子	丑	寅	卯	辰	巳	午	未	申	酉	戌

說明

例如流年丑，查本表歲支丑欄及辰名欄，即知丑年歲建在丑，晦氣在寅，……病符在子，餘類推。

試習

問：假設流年是午，由何可得而知其安流年歲前諸辰之地？

答：查本表歲支午欄及星名欄，即可知午年歲建在午，晦氣在未，……病符在巳。

第二十四章　安流年斗君

流年斗君，即月令是也。安法：從流年歲建宮起正月，逆推至生月，再從生月起子時，順推至生時，即流年斗君正月之過宮。其訣與表如左：

安流年斗君訣

流年歲建起正月，逆逢生月順回程，回程順至生時止，便是流年春月正。

說明

例如某甲，四月未時生，現行流年，歲建值丑，從丑起正月，逆推至戌爲四月；再從戌起子時，順推至巳爲未時，卽爲某甲丑流年斗君正月月令之過宮，二月月令在午，三月月令在未，（參閱第二十五章某甲命盤全式）餘類推，

試習

問：假設某乙，正月丑時生，現行流年，歲建值丑，流年斗君應如何安？

答：應從丑起正月，但正月生無月可逆推，應從丑正起子時，順推至寅爲丑時，卽爲某乙丑流年斗君正月月令之過宮，二月月令在卯，三月月令在辰。

安流年斗君表

生時＼生月	正	二	三	四	五	六	七	八	九	十	十一	十二
子	歲	十一	十	九	八	七	六	五	四	三	二	一
丑	一	歲	十一	十	九	八	七	六	五	四	三	二
寅	二	一	歲	十一	十	九	八	七	六	五	四	三
卯	三	二	一	歲	十一	十	九	八	七	六	五	四
辰	四	三	二	一	歲	十一	十	九	八	七	六	五
巳	五	四	三	二	一	歲	十一	十	九	八	七	六
午	六	五	四	三	二	一	歲	十一	十	九	八	七
未	七	六	五	四	三	二	一	歲	十一	十	九	八
申	八	七	六	五	四	三	二	一	歲	十一	十	九
酉	九	八	七	六	五	四	三	二	一	歲	十一	十
戌	十	九	八	七	六	五	四	三	二	一	歲	十一
亥	十一	十	九	八	七	六	五	四	三	二	一	歲

說明

例如某甲，四月未時生，現行歲建，流年值丑，查本表生月四欄與生時未欄，卽知其流年斗君在歲建丑前四位之巳，餘類推。

試習

問：假設某乙，正月丑時生，現行流年，歲建值丑，由何可得而知其安流年斗君之地？

答：查本表生月之正欄與生時丑欄，卽可知其流年斗君在歲建丑前一位之寅。

第二十五章　命盤全式

命盤，一名天盤，蓋地盤爲靜盤，其方位永恆不易；天盤爲動盤，其運行周流不息，命卽以人之降生年月日時，法天之行，在地盤上所得各個不同之變化以示人者也。前文共廿五章，除第一章係示十干所屬之陰陽五行，第二章係示十二支所屬之陰陽五行生肖，第三章係示十二支在地盤上之固定方位外，自第四章始至廿四章止，已將佈置命盤之全套方式，循序詳述，茲章特舉某甲命盤全式，示範如左：

某甲命盤全式

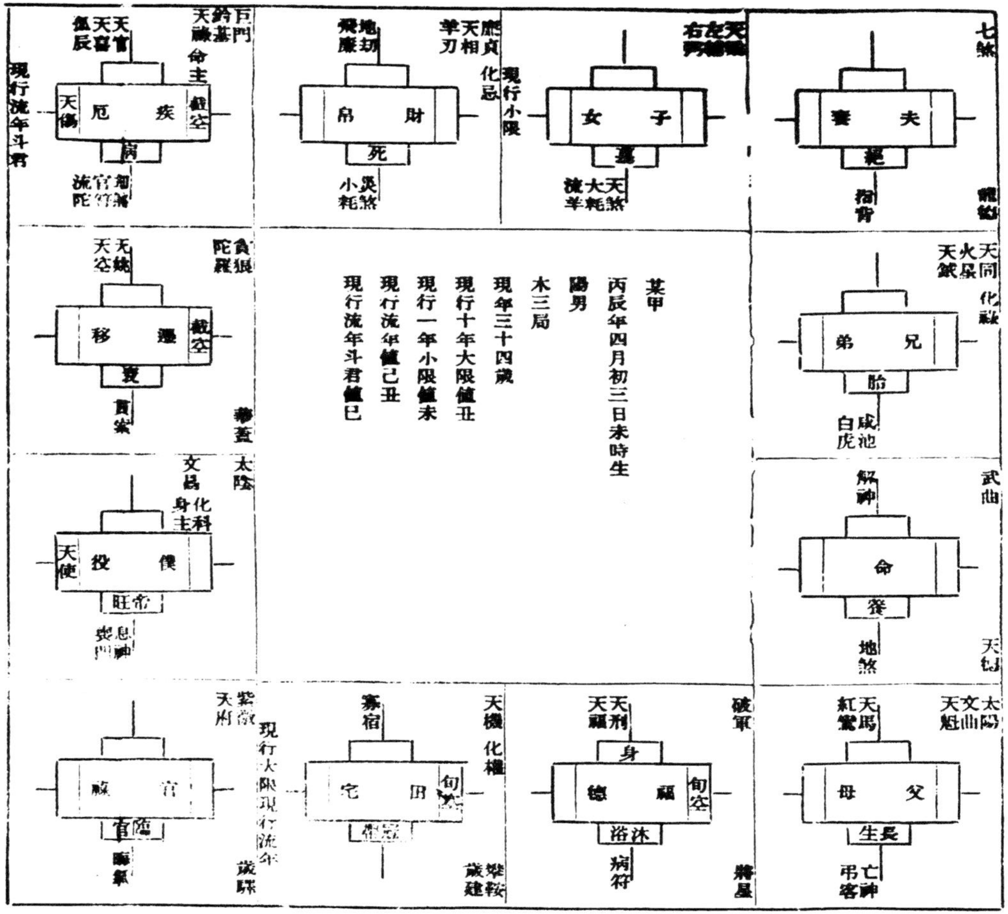

注意一

一、命盤每格之上右方為甲級星，上左方為乙級星，中央為丙級星，安定之後，皆不更動。

二、命盤每格之下右方為丁級星，即流年吉星，下左方為戊級星，即流年凶星。此等流年星，皆逐年更換，如不看流年月令，此等星可省列入。

三、大限十年進一位，小限，流年，斗君，皆一年進一位。

中、日、英、德、法、俄，對照六國語辭典

本辭典八大特色

是一本兼備六國語言的辭典

以中文爲中心，能同時比較對照日語、英語、德語、法語與俄語。

獨特的雙頁橫式排印

每一單字的各國同義詞和音標，均以雙頁橫式排印，一目瞭然，查閱簡便，可謂集中日、中英、中德、中法、中俄等五本辭典於一鉅冊，爲本辭典最獨特之處。

附有英語索引

本辭典附有「英語索引」，因是，同時兼具英漢、英日、英德、英法與英俄辭典的特色。

詞彙多達一萬餘字

本辭典嚴謹選用重要詞彙（含成語與複合辭）、時事用語、經濟用語等約一萬多字；是以，吾人日常想查考的詞彙，在六國語言六萬多字中，均已搜羅殆盡。

可查閱各國語的音標

各國的詞彙均注有音標，故此可以不必查閱其他辭典，即可獲知該詞彙的讀法，且不難發現各國語的發音拼法的相似性。

附錄1　網羅五個國家的月名、星期名、度量衡、貨幣單位、重要專有名詞（國名、地名、人名、機構名稱）、查閱相當方便。

附錄2　每當前赴國外旅行或與外賓交際時，最起碼的五國語言會話形式和慣用語均包括在內。

本辭典之結構

本辭典乃第一部多國語言的辭典，經語言專家暨學者嚴密校訂而成

道林紙穿線　印印刷精美　查閱方便　精裝本定價港幣十五元

港澳東南亞各大書局均售　　讀者如在當地購買不到，可請來函郵購

此命盤全式，係依據第四章至廿四章布置命盤各種方式之某甲前例所布成。(一)以其生月生時，依法起命身，遞安十二宮；(二)以其生年干，依法定五行局，(三)以其生日，依法起紫微與天府，遞安紫微天府諸辰；(四)以其生月，依法安月系諸辰；(五)以其生時，依法安時系諸辰；(六)以其生年干，依法安干系諸辰；(七)以其生年支，依法安支系諸辰。(八)以其五行定局，依法安長生十二神；(九)以其生年干，依法安截空；(十)以其生年干支，依法安旬空；(十一)以其僕疾宮，依法安使傷；(十二)以其立命之宮，依法安命主；(十三)以其生年之支，依法安身主。(十四)以其命宮及五行定局，依法起大限；(十五)以其生年支，依法起小限；(十六)以其現值流年依法安流年將前歲前諸辰；(十七)以其生月生時，依法安流年斗君。此爲布置命盤全式之一定程序，先後次序不容或紊，凡布置命盤皆準此。

試習

習者，可按照第四章至第廿四章布置命盤各種方式之某乙前例，試布成一某乙命盤全式·，仔細參照，認爲無誤後，再以自身降生之年月日時試布成一自身之命盤全式·，仔細參照，認爲無誤後，續以家人降生之年月日時續試之，則竟一日之功，可成熟練。

斗數命理新編（下）

第二十六章 諸辰一覽表

星名	紫微	天機	太陽	武曲
星級	甲	甲	甲	甲
斗分	中天星主	南斗		北斗
五行	土	木	火	金
化	至尊之神	廣善之神	廣生之神	司命之神
主	親仁容衆	智慧	博愛	財
喜	喜諸吉尤喜府相左右	喜諸吉	喜諸吉尤喜太陰	喜諸吉尤喜府相曲昌喜四墓生人喜西北生人
忌	忌諸凶尤忌貪破但不忌七殺火鈴	忌諸凶不忌巨門	忌諸凶尤忌巨門	忌諸凶尤忌破軍火鈴忌東南生人但不忌羊陀
廟		子午卯酉寅申	卯辰巳午	辰戌丑未
陷	無	丑未	酉戌亥子	巳亥
附記	諸宮皆爲吉惟辰戌爲閑宮蓋辰戌乃天羅地網至尊臨之雖可不受拘束但亦難於施展故曰閑宮	餘宮平和	最忌背明晝生人不宜陷夜生人累次除丑未日月同躔外餘宮平和	餘宮平和

甲	甲	甲	甲	甲	甲
天同	廉貞	天府	太陰	貪狼	巨門
南斗	北斗	南斗令星		北斗	北斗
水	火	土	水	水木	木
廣惠之神	多曲之神	廣司之神	廣潔之神	多得之神	多暗之神
福祚	邪	賢能	清明	欲	疑
喜諸吉	喜諸吉尤喜府相	喜諸吉尤喜紫微左右	喜諸吉尤喜陽同	喜諸吉尤喜空亡四墓	喜諸吉尤喜天祿
忌諸凶惟廟則不忌	忌諸凶尤忌貪破	忌諸凶惟空亡不忌忌羊陀火鈴	忌諸凶	忌諸凶尤忌廉貞沐浴	忌諸凶尤忌羊陀
寅申巳亥	寅申午		酉戌亥子	子午卯酉辰戌丑未	子午卯酉寅申巳亥
丑未午	巳亥卯酉	無	卯辰巳午	巳亥	辰戌丑未
餘宮平和	餘宮平和	諸宮皆爲吉惟寅申兩宮尤吉	最忌背明夜生人不宜陷晝生人署次並宜注意朔望晦及上下弦參詳生日生時除丑未日月同躔外餘宮平和	餘宮平和	

甲	天相	南斗	水	廣慈之神	惻隱	喜諸吉尤喜紫微	不忌諸凶惟忌火鈴	子午寅申辰戌丑未	卯酉	餘宮平和
甲	天梁	南斗	木	廣蔭之神	壽考	喜諸吉	忌諸凶尤忌羊陀	子午卯酉辰戌丑未	寅申巳亥	
甲	七殺	南斗	火金	多威之神	厲	喜諸吉尤喜紫微	忌諸凶	子午卯酉寅申巳亥丑未	辰戌	
甲	破軍	北斗	水	多損之神	耗	喜諸吉尤喜紫微	忌諸凶	辰戌丑未巳亥	子午卯酉	餘宮平和
乙	天姚		水		桃花	喜諸吉	忌諸凶	寅午戌申子辰	丑未	餘宮平和
乙	天刑		金		孤獨	喜諸吉尤喜曲昌	忌諸凶	寅午戌申子辰	丑未	餘宮平和

甲	甲	乙	乙	甲	甲
左輔	右弼	天馬	解神	文曲	文昌
				北斗	
土	土	火		水	金
廣祐之神	廣祐之神			廣教之神	廣教之神
助力	助力	利攸往	化凶爲吉	學問功名	學問功名
喜諸吉	喜諸吉	喜諸吉尤喜天祿及生旺之地		喜諸吉	喜諸吉
不忌諸凶	不忌諸凶	忌諸凶尤忌空亡及病死絕之地	不忌諸凶	忌諸凶	忌諸凶
				申子辰巳酉丑	申子辰巳酉丑
無	無	無	無	寅午戌	寅午戌
諸宮皆爲吉	諸宮皆爲吉	天馬惟臨四孟生地餘宮不收		餘宮平和	餘宮平和

乙	天空		火		失	喜諸吉喜金火兩行	忌諸凶惟不忌火鈴	寅午戌巳酉丑	申子辰亥卯未	
乙	地劫		火		多災	喜諸吉	忌諸凶	辰戌		餘宮皆不吉
甲	火星	南斗浮星	火	多虐之神	暴	喜諸吉喜東南生人喜寅卯巳午戌生人	忌諸凶	寅午戌	申子辰	餘宮平和
甲	鈴星	南斗浮星	火	同右	同右	同右	同右	同右	同右	同右
甲	天祿	北斗	土	廣澤之神	祿食	喜諸吉	忌空亡不忌諸凶		無	諸宮皆爲吉惟丑未辰戌乃羊陀廟地爲祿神所不臨
甲	羊刃	北斗浮星	火金	多殘之神	忍	喜諸吉喜四墓喜西北生人	忌諸凶	辰戌丑未	子午卯酉	寅申巳亥乃四生之地爲羊刃殘神所不入

甲	陀羅	北斗浮星	火金	多殘之神	忍	喜諸吉喜四墓喜西北生人	忌諸凶	辰戌丑未	寅申巳亥	子午卯酉乃四正之地爲陀羅殘神所不入
甲	天魁	天乙貴人	火	廣協之神	成就	喜諸吉	不忌諸凶		無	諸宮皆爲吉惟辰巳午未申酉戌乃羅網之地爲天魁貴神所不臨
甲	天鉞	同右	同右	同右	同右	同右	同右		無	諸宮皆爲吉惟戌亥子丑寅卯辰乃網羅之地爲天鉞貴神所不臨
乙	天福				福貴		無		無	諸宮咸吉臨命身對合諸宮尤吉
乙	天官				官貴		無		無	同右
甲	化祿		土		祿	喜諸吉	不忌諸凶		無	

甲	甲	甲	乙	乙	乙
化權	化科	化忌	紅鸞	天喜	孤辰
金	木	水			
權	功名	多谷	婚姻	喜慶	孤
喜諸吉	同右	喜諸吉尤喜水局命	喜諸吉	同右	喜諸吉化解
不忌諸凶	同右	忌諸凶	不忌諸凶	同右	忌諸凶
		申子辰			無
無	無	寅午戌	無	無	
		餘宮平和			忌入父母宮

乙 寡宿	乙 蜚廉	丙 長生	丙 沐浴	丙 冠帶	丙 臨官
寡	諸凶	生發	桃花	喜慶	同右
喜諸吉化解	同右	喜諸凶	喜空亡喜臨夫妻宮		
忌諸凶	同右	忌空亡	忌入命身財官田宅諸宮	無	同右
無	子午卯酉				
忌入夫宮	餘宮皆不吉此辰入命身宮無吉化解諸孤並忌入父母宮	諸宮咸吉		諸宮咸吉	同右

丙帝旺	丙衰	丙病	丙死	丙墓	丙絕
旺壯	頹敗	疾厄	死亡	欽藏	絕滅
	喜諸吉	喜諸吉化解	喜諸吉化解	喜入財官宮	喜入疾厄宮
無	忌入少運	忌入少運 忌入疾厄宮	忌入少中運	忌入命身宮	忌入命身子女諸宮
諸宮咸吉					

丙胎	丙養	丙截空	丙旬空	丙天傷	丙天使
喜	福	諸空	同右		
喜臨妻子宮		喜入疾厄宮	同右		
忌入晚運 忌入疾厄宮 忌入空亡	無	忌入命身宮	同右		
	諸宮咸吉			此凶辰永居疾僕兩宮平時不生作用惟當大小限或流年過度到疾僕兩宮時不宜再見其他凶辰如見之再無吉化解必危	同右

丁	丁	丁	戊	丁	戊
將星	攀鞍	歲驛	息神	華蓋	劫煞
化凶爲吉	利功名	利攸馬	消沉	孤高	盜
			喜諸吉化解		喜諸吉化解
不忌諸凶	不忌諸凶	不忌諸凶	忌諸凶		忌諸凶
			無		無
無	無	無			
此辰如于當生流年臨命身宮主武貴應改列乙級星以備閱命限之參攷	此辰如于當生流年臨命身宮主武顯應改列乙級星	此辰如于當生流年臨命身宮主武顯應改列乙級星以備閱命限參攷	此辰如于當生流年入命身宮若無吉化解主人無生氣	此辰如于當生流年入命身宮宜僧道不宜凡俗應改列乙級星以備閱命限參攷	

戊災煞	戊天煞	戊指背	戊咸池	戊地煞	戊亡神
災患	克父克夫	誹謗	桃花	克母克妻	耗敗
喜諸吉化解					
忌諸凶					
無	無	無	無	無	無
	此辰如于當生流年入命身父母夫妻諸宮若無吉化解主克父克夫應改列乙級星以備閱命限參攷	此辰如于當生流年入命身宮若無吉化解主遭誹謗應改列乙級星以備閱命限參攷	此辰如于當生流年入命身財福諸宮主好色應改列乙級星以備閱命限參攷	此辰如于當生流年入命身父母夫妻諸宮若無吉化解主克母克妻應改列乙級星以備閱命限參攷	

丁	歲建			多管一歲之神休咎		喜諸吉	忌諸凶			
戊	晦氣				咎	喜諸吉化解	忌諸凶	丑未		餘宮皆不吉
戊	喪門				喪亡	喜諸吉化解	忌諸凶	子午		同右
戊	貫索				獄災	喜諸吉化解	忌諸凶	寅申		同右
戊	官符				訟	喜諸吉化解	忌諸凶	丑未		同右
戊	小耗				小失	喜諸吉化解	忌諸凶忌空亡	寅午戌申子辰		同右

戊	大耗	大敗	喜諸吉化解	忌諸凶忌空亡	寅午戌申子辰		此辰如于當生流年入命身財田諸宮主破敗退祖應改列乙級星以備閱命限參攷
丁	龍德	化凶爲吉		不忌諸凶能辟煞		無	此辰如于當生流年入命身宮應改列乙級星以備閱命限參攷
戊	白虎	諸凶	喜諸吉化解	忌諸凶	卯酉		餘宮皆不吉
丁	天德	化凶爲吉		不忌諸凶		無	此辰如于當生流年入命身宮應改列乙級星以備閱命限參攷
戊	弔客	孝服	喜諸吉化解	忌諸凶	辰戌		餘宮皆不吉
戊	病符	疾病	喜諸吉化解	忌諸凶			

第二十七章　術語須知

（一）星辰曜

星、辰、曜、皆指星而言，疊言之，曰星辰，曰星曜；單言之，曰星、曰辰、曰曜、字雖三而所指則一，用時疊言可隨意取捨，無限定也。

（二）辰名簡稱

辰名率皆两字一名，簡稱則爲一字一名。取簡稱有字取意取两種，字取，應取原名上一字，如紫微曰紫，武曲曰武是也。若上一字有雷同，則改取原名下一字，如天機曰機，天同曰同是也。若上下字皆有雷同，則不取簡稱，仍用原名，如刧煞，天煞是也。意取，係於原名兩字之外，別取一字爲簡稱，如太陽曰日，太陰曰月，天魁天鉞曰貴是也。

（三）正曜

紫、機、日、武、同、廉、府、月、貪、巨、相、梁、七、破、左、右、曲、昌、祿、凡十九辰爲正曜。

（四）偏曜

羊、陀、火、鈴、魁、鉞、凡六辰爲偏曜。

（五）化曜

化祿、化權、化科、化忌、凡四辰爲化曜。

（六）雜曜

正偏曜之外，尙有五十三辰皆爲雜曜。

（七）四吉

祿、貴、權、科、爲四吉，祿即天祿化祿，貴即天魁天鉞，權即化權，科即化科是也。

（八）四凶

火鈴羊陀爲四凶。

（九）雙星

紫府、紫相、府相、日月、左右、曲昌、空劫、火鈴、羊陀、天魁天鉞、天祿化祿、祿權、祿科、祿馬、權科、皆爲雙星。

（十）五合
十干之甲己合，乙庚合，丙辛合，丁壬合，戊癸合是也。

（十一）六合
十二支之子丑合，寅亥合，卯戌合，辰酉合，巳申合，午未合是也。

（十二）三合
十二支之申子辰合，亥卯未合，寅午戌合，巳酉丑合是也。

（十三）六衝
十二支之子午衝，丑未衝，寅申衝，卯酉衝，辰戌衝，巳亥衝是也。

（十四）本方
主事宮曰本方。例如命宮主終身全局，若問終身，則命宮卽爲本方；又例如子女宮主子息，若問子息，則子女宮卽爲本方是也。

（十五）對方
本方之六衝方曰對方。例如本方在子，則午爲對方，本方在午，則子爲對方是也。

（十六）合方

本方之三合方曰合方。例如本方在子，則申辰爲合方，在午則寅戌爲合方是也。

（十七）鄰方

本方之前後方曰鄰方。例如本方在子，則子前丑子後亥爲鄰方是也。

（十八）四方

本方、對方、合方、鄰方、合稱曰四方。

（十九）躔次

凡辰所經行之地皆曰躔次，簡曰躔。（十二宮皆爲辰所經行之躔次）

（二十）見

凡言辰之有或在，皆以見代之。例如言命有紫微，或紫微在命，謂爲命見紫微，或紫微見命。

（廿一）守與同

各宮見單辰皆曰守，見複辰皆曰同。例如有某宮只見武曲一辰，謂爲武曲守躔；又例如有某宮見天機並見巨門，謂爲機巨同躔是也。

（廿二）臨與入

吉辰見躔皆曰臨，凶辰見躔皆曰入。例如吉辰紫微見躔，謂爲紫微臨躔；凶辰貪狼見躔，謂爲貪狼入躔是也。

（廿三）偕與倂

吉辰同躔皆曰偕，（或曰俱）凶辰同躔皆曰倂。（或曰伙）例如紫府同躔，謂爲紫府偕臨；貪羊同躔，謂爲貪羊倂入是也。

（廿四）廟與陷

凡吉凶諸辰，臨入其相宜之躔次皆曰廟，（又曰得躔）臨入其不相宜之躔次皆曰陷。（又曰失躔）例如子見曲，謂爲文曲臨廟，見羊，謂爲羊刃入陷；又例如戌見曲，謂爲文曲臨陷，見羊，謂爲羊刃入廟是也。

（廿五）坐與踞

吉辰臨本方曰坐，凶辰入本方曰踞。例如以命宮爲本方，見紫臨，謂為紫微坐命，見貪入謂為貪狼踞命是也。

（廿六）朝與衝（祿則曰拱日月則曰照）

吉臨對方曰朝，凶入對方曰衝。例如以命宮為本方，對方見府，謂為天府朝命，見火謂為火星衝命是也。

（廿七）協與脅

吉臨合方曰協，凶入合方曰脅。例如以命宮為本方，合方見府相，謂為府相協命，見貪破謂為貪破脅命是也。

（廿八）輔與夾

雙星分臨鄰方曰輔，雙星分入鄰方曰夾。例如以命宮為本方，鄰方分見曲昌，謂為曲昌輔命，鄰方分見羊陀，謂為羊陀夾命是也。

第二十八章　觀星四要

諸星分佈十二宮，錯綜複雜，變化無窮，爰分四要，以明其精蘊。

（一）要識別吉凶

星所主之事有善惡，善爲吉星，惡爲凶星，此爲諸星由來自有之吉凶。星所臨入之地有廟陷，星廟爲吉，星陷爲凶，此爲諸星見諸命盤之吉凶。

（二）要辨明吉凶之虛實

吉星臨廟爲實吉，實吉無凶，雖逢凶不忌。

凶星入陷爲實凶，實凶無吉，雖逢吉難解。

吉星臨陷爲虛吉，虛吉不吉，可化吉爲凶。

凶星入廟爲虛凶，虛凶不凶，可化凶爲吉。

（三）要分淸主賓

每一宮內之主賓，皆以甲級星之先見者爲主，後見者爲賓。

乙丙級星則爲陪賓。

本對合鄰各方之主賓，皆以本方之星爲主，對方合方之星爲賓，鄰方之星爲陪賓。如本方不見甲級星，則託主於對方之甲級星爲主，仍以本方之合方之星爲賓，鄰方之星爲陪賓。如對方亦不見甲級星，則爲純賓無主之局，惟有從賓以言其吉凶。又如本方係命身宮而不見甲級星，則以命主身主之星爲主，不必另託主於對方。

（四）要審明主賓之强弱

賓主皆吉，爲賓主相得；皆凶，爲狼狽爲奸。主賓皆吉或皆凶者，不分强弱；主賓有吉有凶者，須審明主賓之强弱。主强賓弱，爲賓來順主；主弱賓强，爲喧賓奪主，吉强吉勝，凶强凶勝。如賓主强弱相等，則吉凶參半。

第二十九章　觀方十喻

本對合鄰諸方之爲吉爲凶，各有輕重，未可一律等量而觀，爰舉十喻，以揭其精蘊。

（一）本方吉，謂之由內自强。

（二）本方凶，謂之從根自伐。

（三）對方吉，謂之迎面春風。

（四）對方凶，謂之當頭惡棒。

（五）合方吉，謂之左右逢源。
（六）合方凶，謂之左右受敵。
（七）鄰方吉，謂之兩鄰相扶。
（八）鄰方凶，謂之兩鄰相侮。
（九）方宮皆吉，謂之千祥雲集。
（十）方宮皆凶，謂之四面楚歌。

附十喻歌

吉凶最要細分明，本對合鄰有重輕，
四面楚歌終必敗，千祥雲集自然亨。
自强才是好人家，鄰舍惟添錦上花，此二句乃反喻本方凶，雖鄰方吉，亦不能為助。
若到逢源眞境地，春風只可感相差。此二句乃喻合方之吉，勝于對方之吉。
兩鄰相侮豈爲災，自伐才教大可哀，此二句乃反喻本方吉，鄰方雖凶，亦不能爲侮。
易躱當頭一棍棒，難防左右襲兵來。此二句喻對方之凶，不若合方之凶。

第三十章　觀格局八法

命之有格局，猶物之有大小，有方圓，有美惡，有整破。惟舊法格局，名目繁多，不勝枚舉，且類皆江湖濫調，鋪張過甚，不切實用，若示以爲例，反有碍習者據理自明之捷徑，爰立八法，以盡其精蘊。

(甲)成破四法：凡命身之本方對方合方鄰方皆吉者，在此四法中定格局。

一、見祿貴權科四吉者，爲成格，蛟龍得雲雨之局。

二、見火鈴羊陀四凶者，爲破格，苗而不秀之局。

三、四吉四凶兼見者，爲成中帶破格，白圭有玷之局。

四、四吉四凶兩不見者，爲待成未破格，渾金璞玉之局。

(乙)救棄四法：凡命身之本方對方合方鄰方皆凶者，在此四法中定格局。

一、見祿貴權科四吉者，爲救格，久旱逢甘雨之局。

二、見火鈴羊陀四凶者，爲棄格，朽木不可雕之局。

三、四吉四凶兼見者，爲救而又棄格，如食鷄肋之局。

四、四吉四凶兩不見者，爲待救未棄格，守殘抱缺之局。

(丙)成破四法再格：凡命身之本方吉，而對方合方隣方或全凶或吉凶互見者，

在此四法再格中取格局。

一、見祿貴權科四吉者，爲成格之再格。

二、見火鈴羊陀四凶者，爲破格之再格。

三、四吉四凶兼見者，爲成中帶破格之再格。

四、四吉四凶兩不見者，爲待成未破格之再格。

(丁)救棄四法再格：凡命身之本方凶，而對方合方鄰方或全凶或吉凶互見者，

在此四法再格中取格局。

一、見祿貴權科四吉者，爲救格之再格。

二、見火鈴羊陀四凶者，爲棄格之再格。

三、四吉四凶兼見者，爲救而又棄格之再格。

四、四吉四凶兩不見者，爲待救未棄格之再格。

第三十一章　定時要指

生時準確與否，爲推命前首須解決之問題，否則，差之毫釐，謬之千里，命失其眞矣。

星命家，率皆習用兩種歷來相傳之定時法，茲分錄於後。

其一、以嬰兒出胎時身軀之仰伏側，作爲測驗生時之標準，寅申巳亥時生人側身，子午卯酉時生人面朝天，丑未辰戌時生人面伏地。

其一、乃以各人頭上所生天然髮旋，作爲測驗生時之標準，子午卯酉時生人頭頂一個小髮旋，或正中或略偏左；寅申巳亥時生人，頭頂一個大髮旋，必偏右；丑未辰戌時生人，頭頂兩個淺髮旋，或左，或右，或前，或後。

此兩法皆由先民之簡單統計法而來，惟用前法有驗有不驗，用後法雖有例外，大致皆驗，應取後一法，惟每一種髮旋，包括四個時辰，究嫌過於籠統，不夠精密，然此法仍可作爲定生時之參證。

人之所持原定生時，皆由其家人在降生時所定，曩昔定時器原有漏滴日晷兩種，民間知時方法，尤爲繁夥，凡衙署之子午砲，譙樓之更鼓，寺廟之鐘聲，鷄之鳴，貓之眼，日之出沒與中昃，食頓之早午晚與前後，以及炊烟、信香、甚至街巷叫賣聲，皆被採用爲知時標準，其方法固然複雜，亦正因其愈複雜而互相之參證愈多，雖不中，亦不遠，今則城市大致用鐘表，更無多大疑問。

茲爲求生時之準確計，推命時最好不嫌繁複，先用原定生時，一試諸相貌性情是否有驗，二試諸父母兄弟夫妻子女是否有驗，三試諸過去行運是否有驗，四參證髮旋是否相合。如不驗不合，再以原定生時之前一時試推之，再不驗不合，最後以原定生時之後一時推之，當無不中。蓋原定生時，容或有不準確，但決不能有超越前後兩時辰以外之大距離也。既驗之矣，既合之矣，則以之推斷其一生之窮通休咎，亦無不驗不合者矣。

第三十二章　觀命身要指

一）看命，先看命宮本方星躔吉凶，次看對方合方鄰方星躔吉凶，再次看命主吉凶。凡命宮本方不見甲級星而無主星者，則以命主爲主，仍以命宮之對合鄰諸方之星爲賓。

（二）看身，先看身宮本方星躔吉凶，次看對方合方鄰方星躔吉凶，再次看身主吉凶。凡身宮本方不見甲級星而無主星者，則以身主爲主，仍以身宮之對合鄰諸方之星爲賓。

（三）命佳身佳，謂之體用兼備，全吉之命；命壞身壞，謂之體用不備，純凶之命；命佳身壞，謂之有體無用，早發早了之命；命壞身佳，謂之有用無體，晚發晚成之命。

（四）身坐命宮者，吉凶皆增重量，佳則大佳，壞則大壞；身坐財宮者，主富多；身坐官宮者，主貴多，身在遷移者，主在外變化多；身坐夫妻者，男主有賢能之妻而懼內，女主有剛强之夫而懼外；身坐福德者，不論貧富，皆主愛享受。

（五）看男命，于命身之外，以財帛、官祿、遷移、爲要宮，以夫妻、子女、福德、爲次要宮。

（六）看女命，於命身之外，以夫妻、子女、福德、爲要宮，以財帛、官祿、田宅、爲次要宮。

（七）看要宮及次要宮，均須兼看其對合鄰諸宮星躔吉凶，以定其休咎。

（八）凡父母夫妻子女三宮，並見空亡死絕者僧尼之命，否亦鰥寡孤獨俱兼之苦命。

（九）凡命身宮及其對方合方，見天祿天魁天鉞化祿化權化科者，皆宜入仕途，鄰方見雙星吉者亦同，否則，不宜入仕途，即勉入仕途亦不遂，蓋命中無此者，雖芝蘇小官亦不可得，得亦不可久也。

（十）凡命身宮及其對方合方，見文昌或文曲者，主文墨精通，鄰方見曲昌雙星者亦同，否則，十年窗下，亦不能屬筆成文，雖文亦不佳。

第三十三章　觀大小行限及流年太歲要指

（一）看十年大限如何，須看大限本方及其對方合方鄰方之星躔吉凶如何以爲斷。

（二）看一年小限如何，須看小限本方及其對方合方鄰方之星躔吉凶如何，並兼看流年太歲宮之本方及其對方合方鄰方之星躔吉凶如何以爲斷。

（三）命強限弱者，雖富可貧，雖貴可賤；限強命弱者，雖貧可富，雖賤可貴。但命強限弱者之壞至如何程度，仍須看其命身根基之深淺，及其未來限之強弱以爲斷；限強命弱者之好至如何程度，仍須看其命身格局之大小，及其未來限之強弱以爲斷。

（四）陽男陰女行大小限，見北斗星躔爲吉，見南斗星躔爲吉；陰男陽女行大小限，見北斗星躔爲吉，反之，則少遜。

（五）北斗諸星見大限，應上五年，南斗諸星見大限，應下五年；北斗諸星見小限，應上半年，南斗諸星見小限，應下半年。

（六）凡見小限與大限同宮，或與命身同宮者，吉凶禍福皆緊；見太歲與小限同宮，或與大限同宮，或與命身同宮者亦然；見太歲與小限大限或命或身同宮者，吉凶福禍尤緊。

（七）大小行限及流年太歲，皆忌入羊刃陀羅之地，忌入天空地劫之地，忌入天傷天使之地，尤忌入夾地。所謂夾地，即天祿躔次，爲羊陀夾地；

丑亥時生人，亥爲空劫夾地，巳未時生人，巳爲空劫夾地；遷移宮爲傷使夾地，併夾者更忌。所謂併夾，即羊陀空劫併，或羊陀空劫傷使併是也。以上所忌，限歲遇之，入陷無解者凶，見吉可解。

（八）凡看流年，須分別以流年太歲之干支，安流年干系支系諸辰於命盤，如見諸命身，或大小限，或流年太歲，諸宮，吉辰則爲吉，凶辰則爲凶。

（九）流年羊陀與生年羊陀併，或流年羊與生年陀併，或流年陀與生年羊併，謂之羊陀迭併。例如乙生人遇乙流年，則羊陀併於寅辰；又如乙生人羊，遇丙流年陀，則併於辰是也。見于命身大小限，流年太歲，諸宮，入陷無解必大凶，見吉可解。

（十）凡命身本方，或其對方合方，原有七煞，如併流年羊陀，謂之七煞重逢。例如命宮七煞原在酉，遇庚流年羊，與煞逢于酉是也。入陷無解必大凶，見吉可解。

（十一）凡十二肖生人，其大小限，及流年太歲，過宮所忌如下：子生人忌寅中，丑午生人忌丑午，寅卯生人忌巳亥，辰巳生人忌辰巳，申生人忌火鈴，未生人忌酉亥墓，酉戌亥生人忌羊陀。例如丑年午年生人，忌過丑午宮，申生人忌過宮見火鈴是也。犯之無解：輕則災晦，重者死亡，見吉可解。

（十二）凡生人所屬之五行局，其大小行限，及流年太歲，過宮所忌如下：水局生人忌卯，火局生人忌酉，木局生人忌午，金局生人忌子，土局生人忌寅巳。犯之無解，災晦或死亡，見吉可解。

第三十四章　觀斗君月令要指

（一）看月令須先安斗君，所謂斗君，即流年之正月，安法，已見前第二十四章。

（二）本術與子平術不同，子平術之大小運，及大小運之交接期，一以節氣爲主；本術大小限及大小限之交接期，一以太歲爲主。蓋太歲主事之期限，自正月初一日起至十二月除夕止，自除夕子時起，舊太歲即移交於新太歲主事。故本術於斗君過宮所見星躔之吉凶，至為重視，生年斗君過宮星躔之吉凶主一生，流年斗君過宮星躔之吉凶主一年，流年月令過宮星躔之吉凶主一月。

（三）凡斗君過某宮，見吉，則其年某宮所主吉；見凶則其年某宮所主凶。例如斗君過父母宮，見吉，則其年父母吉；見凶，則其年父母不吉是也。

（四）每月，從月令之過宮起初一；每日，從日之過宮起子時。例如某甲今年斗君過宮在巳，則二月月令之過宮在午，從午起二月初一日，則二月初二日之過宮在未，從未起二月初二日之子時，則二月初二日丑時之過宮在申是也。凡看一日一時之吉凶，當以日時過宮星躔之吉凶以為斷。

（五）斗君吉，雖月令不吉無大妨；斗君不吉，雖月令吉亦少遂。月令吉，雖日不吉無大妨；月令不吉，雖日吉亦不遂。日吉，雖時不吉無大碍；日不吉，雖時吉亦少遂。斗君月令皆吉，主一月利；斗君月令皆凶，主一月不利。斗君月令日時皆吉或皆凶，則知某月之利不利在何日何時矣。

（六）凡大小限及流年太歲斗君皆吉，則其年最吉之月令之最吉之日之最吉之時，卽其最利之日時也；反之，卽其最不利之日時也。

第三十五章　諸星見命身宮吉凶

紫微臨命宮或身宮，主面色紫黃，腰背肥滿，忠厚老成，謙恭耿直。見諸吉必巨富大貴，見諸凶亦爲中局。其威能制七煞降火鈴，加見諸吉必爲大將。惟與破軍同躔於丑未或與貪狼同躔於卯酉，主暱近奸人。與破軍對居辰戌，主爲臣不忠，爲子不孝。入身宮不見府相左右諸吉偕朝協輔，當爲僧道。女命，見諸吉貴，見諸凶亦得中常，不爲下賤，惟與桃花同躔，則落風塵。

天機臨命宮或身宮，主身軀高大，性急心慈，機謀多變。廟子午卯酉寅申見諸吉，文武皆大貴，與天梁同躔於辰戌必有高藝隨身，與太陰同躔於寅申雖免跋涉他鄉，（尤以女命恐犯淫奔，）與巨門同躔於卯酉必還祖而自興。陷丑未見諸凶，則宜經商習藝。女命，廟見諸吉，旺夫益子，持家有方，為貴婦。陷見諸凶，則淫賤，否亦傷夫尅子。此星最善，信神佛，敬六親，利林泉，宜僧道，不問富貴貧賤，皆為有善根之人，並有壽。

太陽臨命宮或身宮，主面方圓，貌堂皇，存心博愛，作事光明。廟於卯辰巳午見諸吉，必大貴，見諸凶亦為公卿門下士。晝生人最不宜陷於酉戌亥子，陷則尅父，女且尅夫。更忌見巨暗同躔於寅申，非夭則貧，如加見四凶則眼失明。女命，廟見諸吉貴，見諸凶亦中常而貞潔。

武曲入命宮或身宮，主形小氣高，剛強果斷。此星可善可惡，西北生人福，東南生人平庸。廟於辰戌丑未諸吉富貴，與天府同躔於子午有壽，與昌曲同躔出將入相，與祿馬同躔發跡遠鄉。陷於巳亥見諸凶，與貪狼同躔於丑未少年不利，與破軍同躔於巳亥難顯貴，與火鈴同躔田財被劫。女命，廟見諸吉富貴，陷見諸凶孤尅。

天同臨命宮或身宮，主相貌肥滿清奇，性情仁慈耿直，有機樞，無亢激，謙溫通文。廟見諸吉，富貴有福，不畏諸凶同度。陷見諸凶則殘疾孤尅。女命，廟地見諸吉有福，陷見諸凶則刑尅，與天梁同躔於寅申，則合作，偏房亦有福。

廉貞入命宮或身宮，主身長體壯，眼露光，肩露骨，心狠性狡，不習禮儀，好色賭，此星惟天相天祿能化其惡。廟見相祿諸吉，主富貴好禮。陷見諸凶無制凶。女命，廟見諸吉必靑春作命婦，雖加見諸凶亦不爲下局，陷見諸凶，刑夫尅子，否則賤。

天府臨命宮或身宮，主面方圓，貌淸奇，性溫雅，學多機變。見諸吉必富貴，與昌曲同躔，名登首選，與祿存武曲同躔巨富，但忌落空亡，不忌諸凶，惟見羊陀火鈴人必奸詐。女命，見諸吉，淸白機巧，旺夫益子，見紫微左右作命婦；見諸凶，與羊陀火鈴同躔庸常。

太陰臨命宮或身宮，廟主面色白潤方圓，聰明耿直，淸雅溫和。廟見諸吉富且貴。夜生人最不宜陷，陷則尅母，男且尅妻，陷更忌見四凶同躔，肢體傷殘，與文曲同躔爲術士，與機昌曲同躔于寅，男爲僕從，女爲妓。女命，廟見諸吉作命婦，陷傷夫尅子或貧賤，或妾妓。

貪狼入命宮或身宮、廟主高聳肥胖，陷主形小聲高，生性愛動不耐靜，作事好高而務遠。此星為第一惡星，奸詐險狠，諸惡俱備，酒色財氣，四字俱犯。廟入辰戌丑未四墓或落空亡，則反能習正，見諸吉又見火鈴立武功名，有大富貴。陷男浪蕩，女淫貧，酒色喪身，與廉同躔不純潔，且遭官刑，與羊陀同躔為屠宰，與昌曲同躔不實，與武同躔諂佞奸貪，自私自利，無公念，與紫同躔如無制，是無益之人，惟面身帶破相，可延壽。女命，廟見諸吉貴，陷見諸凶賤。

巨門入命宮或身宮、廟主長聳肥胖，敦厚清秀，多學多能。陷主五短瘦小，性多疑，與人寡合，面是背非，初善終惡，祿惟能化其凶。廟見諸吉貴，陷見諸凶不佳，見日吉凶參半，見羊陀男女邪淫，見火鈴無紫制祿壓凶。女命，廟見諸吉，貞貴壽，陷見諸凶，賤或夭。

天相臨命宮或身宮，主相貌敦厚，言語誠實，有惻隱心，抱不平氣，好飲食，多慷慨，生平不變志改行。廟見諸吉富貴，陷見諸凶亦有高等技術謀生，前途吉利，惟見火鈴則殘疾。女命，廟見諸吉聰明端莊，老過丈夫，作命婦，陷見諸凶則偏房侍妾，但亦主聰明有志。

天梁臨命宮或身宮，主相貌厚重，循直無私，臨事果決，有壽。廟見諸吉必大貴，廟與天機同躔工翰墨善談兵，加見諸吉當出將入相。陷見諸凶無成，見羊陀則傷風敗俗之流。女命，廟見諸吉，有男子志，富貴，陷見諸凶，尅夫傷子，或賤淫。

七煞入命宮或身宮，主目大性急，喜怒不常，疑恐無定，惟廟則有謀略，見紫化權，加見諸吉，必為大將。但此星究嫌煞重，入命身見吉亦必歷受艱辛，不見吉化必夭折，陷則巧藝謀生，與廉貞同躔主殘廢，又主癆病。女命，廟見諸吉，才權出衆，志過丈夫，陷加諸凶不潔，且刑尅。

破軍入命宮或身宮，主五短身材，背厚，眉寬，腰斜，性剛寡合，凶暴好殺，喜捕害動物，毀損什物，助人惡不助人善，仇六親，疏骨肉，惟紫微能制其惡。廟見諸吉主武貴，廟與曲昌同躔於寅亦主貴。陷見諸凶，與火鈴同躔則官非爭鬥，與羊陀同躔則有殘疾，與昌曲同躔一生貧士，男巧藝殘疾，不守祖業，女淫蕩無恥，多尅多嫁。女命，廟見諸吉，旺夫益子，但亦必帶疾　陷見諸凶，因奸犯刑，否亦下賤淫慾。

天刑入命宮或身宮，單守無吉會，不爲僧道，定主孤貧，或不夭則窮，或父母兄弟不全。廟見文星成大業，掌邊疆兵權。

天姚入命宮或身宮，廟有學識，見諸吉主富貴。陷主心性陰毒，多疑恐，善顏色，好淫，見諸凶破家敗產，因色犯刑，合方見貪廉沐浴，主少年夭折。女命，廟見諸吉貴美，陷偏房亦得寵。

左輔右弼臨命宮或身宮，主形貌敦厚，慷慨風流，精通文墨。見諸吉財官雙美，文武兼資，尤喜紫微日月，見四凶則爲下局。女命，賢良有志，縱四凶相侵，亦不爲下賤。

天馬臨命宮或身宮，見諸吉皆大利，遇祿尤大佳，惟忌落空亡死絕之鄉。

解神臨命宮或身宮，主一生逢凶化吉，遇難成祥。

文曲文昌臨命宮或身宮，主貌清秀，性聰明。廟見諸吉，文章蓋世，功名顯赫，尤喜兩星全見。陷見諸凶，亦主舌辨，巧藝，本事高人，與破同躔有水災，與貪同躔政事顛倒，與廉七羊陀同躔詐僞，與巨同躔喪志。廟身有暗痣，陷面有斑痕。女命，廟見諸吉，秀麗清奇而貴，陷見貪破機巨及四凶，淫或夭。

天空地劫入命宮或身宮，見吉吉，見凶凶，加見四凶，僧道不正，女子婢妾，男女皆刑尅孤獨貧賤。

火星入命宮或身宮，主性情猛烈，剛强出衆，毛髮有異，唇齒有傷，形容各別，東南生人及寅卯巳午生人禍輕。廟見諸吉立武功，對方合方不加凶，中年始興，陷與羊陀同躔襁褓灾深，過房出外二姓延生，僧道不守規戒。女命，廟貞潔，陷邪淫，或刑夫子，或勞苦。

鈴星入命宮或身宮，主性情凶暴，形容破相，胆大出衆，利東南生人。廟見諸吉，立武功，見紫府不貴卽富，陷夭折，破相延壽，與火同躔加見七煞廉貞羊刃陣亡。女命，廟見諸吉潔，陷賤夭。

天祿臨命或身宮，主相貌厚重，性情慈祥，有機變，多學多能，到處爲福，不忌諸凶，見諸吉富貴壽考，見四凶減福，但亦巧藝多精，高人一等。女命，見諸吉命婦，見四凶減福，夫婦不諧。

羊刃入命宮或身宮，主性情粗暴，好勇鬥狠，視親如疏，反恩為怨，詭謀狡詐，能奪君子之權。廟見諸吉，喜西北生人四墓生人及立命安身於四墓者，必橫立功名，大權大貴，陷見諸凶，居子午卯酉作禍興殃，與日月同躔男尅妻而女尅夫，與昌曲左右同躔有暗痣斑痕，與廉貞火星同躔則暗疾或面手足有殘傷，且不善終，一生多招刑禍，否則當為僧道。女命，廟見諸吉上局，陷見諸凶下局。

陀羅入命宮或身宮，主身雄形粗，賦性剛強，行為不正，破相，氣傲。廟見諸吉，喜西北及四墓生人或安身命於四墓者，但文人發不耐久，武人可橫發高遷，陷見諸凶，必傷妻子，背六親，且傷殘帶疾，惟僧道吉。女命，廟見諸吉，可為悅己者容，陷見諸凶夭。

天魁天鉞臨命宮或身宮，主相貌俊逸。見諸吉無不富貴，尤喜兩星全見。二星為和合神，如身命更迭相守，必娶美妻，必得貴人成就。女命，吉多作宰相妻，命婦之論，即見凶亦主富貴，但不免私情淫佚。

化祿化權化科臨命宮或身宮，見諸吉，男女皆大富貴。

化忌入命宮或身宮，主一生不順遂，雖發不耐久。惟諸星在廟地化忌不忌，水命人逢化忌不忌，諸星在陷地化忌忌，太陽火鈴廉貞七煞在陷地化忌更忌，火命人逢化忌忌。小限逢之一年不利，大限逢之十年悔吝。

天福臨命宮或身宮，主有福。

天官臨命宮或身宮，主貴。

紅鸞天喜臨命宮或身宮，主貌俊美，婚姻早發，限臨少中運主納妾或艷遇，晚運主喪妻。

孤辰蜚廉入命宮或身宮，無吉解，主孤縲。

寡宿入命宮或身宮，無吉解，主寡。

第三十六章　諸星見兄弟宮吉凶

（一）紫微臨兄弟宮，主有年長之兄，見吉增，見凶有尅，否亦欠和。

（二）天機臨兄弟宮，廟有二三人，見吉增，陷相背不和，見四凶有尅。

（三）太陽臨兄弟宮，廟有二三人，見吉增，陷不和欠力，見四凶有尅。

（四）武曲入兄弟宮，廟有一二人，見吉增，陷或見凶孤單。

（五）天同臨兄弟宮，廟有四五人，見吉增，陷只二人，見四凶少，且不和。

（六）廉貞入兄弟宮，廟有一二人，見吉增，陷或見四凶有尅欠和。

（七）天府臨兄弟宮，主有四五人，見吉增，見凶只有二人。

（八）太陰臨兄弟宮，廟有四五人，見吉增，陷或見四凶有尅。

（九）貪狼入兄弟宮，廟有一二人，見吉增，陷宜異母生，見四凶孤單。

（十）巨門入兄弟宮，廟有一二人，見吉增，但皆乖違不和，或異母，陷或見四凶孤尅。

（十一）天相臨兄弟宮，廟有二三人，見吉增，陷或見四凶孤尅。

（十二）天梁臨兄弟宮，廟有一二人，多則不同胞欠和，見四凶少，陷全無。

（十三）七煞入兄弟宮，廟有二三人不和，見吉增，陷或見四凶孤尅。

（十四）破軍入兄弟宮，廟有二三人，見吉增，陷或見四凶孤單。

（十五）左輔右弼臨兄弟宮，廟有四五人，見吉增，陷或見四凶欠力不和。

（十六）文曲文昌臨兄弟宮，廟有三四人，見吉增，陷或見四凶孤單。

（十七）火星鈴星入兄弟宮，廟見吉有一二人，陷或見凶全無。
（十八）天祿臨兄弟宮，主孤獨，見吉相生有兄弟，加見四凶亦尅害招怨。
（十九）羊刃陀羅入兄弟宮，廟有一人，見吉增，陷全無。

第三十七章 諸星見夫妻宮吉凶

（一）紫微臨夫妻宮，偕老，見吉益和美，與破同躔尅，與貪同躔見吉免刑。
（二）天機臨夫妻宮，廟夫宜年長，妻宜年小而性剛，見吉和美，陷或見四凶主生離，晚娶吉。
（三）太陽臨夫妻宮，廟夫妻貴美，見吉益和美，與陰同躔妻賢而麗，陷或見諸凶尅，男命妻必年長。
（四）武曲入夫妻宮，宜同庚，宜遲婚，否則，背尅，廟見吉，主夫得妻財，陷見四凶，主因妻去產，且尅。
（五）天同臨夫妻宮，廟晚婚偕老，夫宜長，妻宜小，見吉益和美，陷或見四凶欠和生離。

（六）廉貞入夫妻宮，主尅，廟見吉或可免，陷或見四凶生離，主三度嫁娶。

（七）天府臨夫妻宮，夫妻相愛，並主夫貴妻賢，見吉益和美，見諸凶遲娶免刑，晚婚偕老。

（八）太陰臨夫妻宮，廟男女皆貴美，與陽同躔偕老，見吉益和美，陷或見諸凶，不尅亦主生離。

（九）貪狼入夫妻宮，夫妻不美，三次嫁娶，廟見吉，或可免，陷或見四凶，必生離死別。

（十）巨門入夫妻宮，主尅或欠和，廟見吉較好，陷或見四凶尅或生離。

（十一）天相臨夫妻宮，廟妻美淑，夫宜長，親上結親，見吉益和美，陷或見火鈴凶尅。

（十二）天梁臨夫妻宮，廟妻宜年大，美容，見吉和美，陷或見羊陀主尅或不和。

（十三）七煞入夫妻宮，主早尅，惟廟吉制晚婚或可免刑，陷或見四凶尅三次。

（十四）破軍入夫妻宮，主尅，廟見吉或可免，陷或見四凶主生離死別。

（十五）左輔右弼臨夫妻宮，廟主和美，陷主欠和，男命見右弼主妻賢，女命見左輔主夫貴，左右偕見，主夫妻貴顯，伉儷甚篤。

（十六）文曲文昌臨夫妻宮，主相愛，見諸吉偕老，曲昌同見，主男人多妻，陷或見四凶尅。

（十七）火鈴入夫妻宮，見諸吉無刑，陷或見諸凶刑。

（十八）天祿臨夫妻宮，主相愛無尅，妻宜年小，同庚而晚婚，如見空亡有尅。

（十九）羊刃陀羅入夫妻宮，見諸吉無刑，見諸凶刑。

（二十）天魁天鉞臨夫妻宮，主夫妻美麗，且主得妻財。

（廿一）鴻鸞天喜臨夫妻宮，主少年婚姻有奇合。

第三十八章　諸星見子女宮吉凶

諸吉臨子女宮，主子女昌盛貴顯，諸凶入子女宮，主刑且主生強橫破蕩之子女。南斗見子女宮，主多生男，北斗見子女宮，主多生女，日臨子寅辰午申戌六陽宮主先生男，月臨丑卯巳未酉亥六陰宮主先生女，晝生月臨子女宮，夜生日臨子女宮，以及刑煞見子女宮者，無吉偕或吉制，均絕嗣。

（一）紫微臨子女宮，主男三女二，見吉增，見四凶減尅。

（二）天機臨子女宮，廟有一二或庶生多，見吉增，陷或見四凶無子。

（三）太陽臨子女宮，廟男三女二，晚子貴，見吉增，陷亦有三子不成器，加四凶只一子送終。

（四）武曲入子女宮，主多育少成，止一子，陷或見四凶絕嗣。

（五）天同臨子女宮，廟有五六，皆貴，見吉增，與梁同躔先女後男，有二子，陷或見四凶子少。

（六）廉貞入子女宮，廟有一，陷或見四凶全無。

（七）天府臨子女宮，主有四五，見吉增，陷或見四凶減尅。

（八）太陰臨子女宮，廟女三男二，先女後男，見吉增，陷減半或招弱子不成器，見四凶子少。

（九）貪狼入子女宮，主早刑，廟有二，先難後易，陷或見四凶尅。

（十）巨門入子女宮，廟見吉有子，主先難後易，太陽同躔頭生易養，陷或見四凶少或無。

（十一）天相臨子女宮，廟不見諸凶有二子成器，陷或見四凶刑。

（十二）天梁臨子女宮，廟有二，見吉增，陷或見四凶早尅。

（十三）七煞入子女宮，主孤，廟見紫微同躔加吉有三，陷或見四凶尅，縱有亦不成器。

（十四）破軍入子女宮，主有剛强之子三人，陷或見火鈴空劫子少。

（十五）左輔右弼臨子女宮，主有男三女一，見吉有貴子，破軍七煞同躔或見四凶，只有二亦不成器。

（十六）天刑入子女宮主尅。

（十七）文曲文昌臨子女宮，廟有三四，見吉更多，陷或見四凶子少。

（十八）火星入子女宮，廟見吉不孤，陷或見諸凶無。

（十九）鈴星入子女宮，主孤。廟見吉庶出，對方吉多有二三。

（二十）天祿臨子女宮，主孤，有則庶出或螟蛉，吉有一，加四凶無。

（廿一）羊刃陀羅入子女宮，見吉有一、對方吉多有三四，與破軍或七煞同躔絕嗣。

（廿二）天魁天鉞臨子女宮，單守主有貴子，見四凶尅。

（廿三）鴻鸞天喜天姚入子女宮，主多生女。

（廿四）長生十二神入子女宮，長生四，浴沐二，冠帶或臨官三，帝旺五，衰二、病一，死無，墓螟蛉，絕無，胎女養三只留一。

（廿五）空亡入子女宮，主無嗣。

第三十九章　諸星見財帛宮吉凶

（一）紫或府臨財帛宮，富，加見諸吉大富。

（二）天機臨財帛宮，廟勞心致富，加見諸吉大富，陷或見諸凶有成敗。

（三）太陽太陰臨財帛宮，廟富，加見諸吉大富，陷或見諸凶有成敗。

（四）武曲入財帛宮，居丑辰未戌大富，陷或見諸凶有成敗。

（五）天同臨財帛宮，廟白手晚發，見諸吉晚大發，陷有成敗。

（六）廉貞巨門七煞諸星入財帛宮，廟忙中求財，先難後易，見諸吉可致富，陷或見諸凶有成敗。

（七）貪狼入財帛宮，廟橫發，見諸吉更橫發，併火星中年後橫發，陷貧窮。

（八）天相天梁左輔右弼文曲文昌天祿諸星臨財帛宮，廟富，加見諸吉大富，陷或見諸凶有成敗。

（九）破軍入財帛宮，子午辰戌丑未皆盛富，陷破祖不發。

（十）天空地劫截路空亡旬中空亡諸星入財帛宮，見諸吉，則亦不聚，見諸凶，有產破產，無產至貧。

（十一）火星鈴星入財帛宮，廟獨發守橫發橫破，見諸吉財聚，陷辛勤度日。

（十二）羊刄陀羅入財帛宮，廟忙中生財，陷破祖不發。

（十三）天魁天鉞入財帛宮，清高中生財，一生遂意。

第四十章　諸星見疾厄宮吉凶

看疾厄宮，須先參看身命星曜廟陷吉凶如何，然後看疾厄星曜廟陷吉凶如何以爲斷。凡命身見諸凶入陷；而疾厄宮又見諸凶入陷必多災而傷殘；凡命身廟吉多者，疾厄宮雖見諸凶亦可解；凡命身陷凶多者，疾厄宮雖見諸吉亦無大用。總之，七煞羊陀火鈴諸星最關重要，凡命身疾厄見之，雖廟亦不全美，陷必多災。

（一）紫或府臨疾厄宮，一生少疾病。

（二）天機武曲見疾厄宮，襁褓多災，陷帶破相。

（三）太陽太陰臨疾厄宮，廟病災少，陷太陽主有頭風病，太陰主有癆傷病。

（四）天同天相天梁文昌文曲左輔右弼臨疾厄宮，廟病災少，陷病災多。

（五）廉貞巨門入疾厄宮，幼少多災，陷多瘡癤膿血之病。

（六）貪狼入疾厄宮，廟無疾，陷眼手足疾。

（七）七煞入疾厄宮，災病必多，或常患痔疾目疾，陷加四凶必有癆病或傷殘。

（八）破軍入疾厄宮，幼年多災，有瘡癧膿血羸黃之疾，陷加見四凶必有傷殘。

（九）火星鈴星入疾厄宮，廟一生健旺少災，陷或見羊陀必有傷殘。

（十）天祿臨疾厄宮，少年多災，逢四凶必有傷殘，加劫空有暗疾。

（十一）羊刃陀羅入疾厄宮，幼年多災，頭面唇齒必有破相。

第四十一章　諸星見遷移宮吉凶

（一）紫或府臨遷移宮，出外遇貴扶持。

（二）天機天同天相天梁文曲文昌左輔右弼諸星臨遷移宮，廟或見吉，出外遇貴扶持，陷或見凶則少遂。

（三）武曲廉貞貪狼巨門破軍七殺諸星入遷移宮，廟或見吉在外得意，陷或見凶則在外失意，縱得意亦終歸無成。

（四）天馬天祿臨遷移宮，不見空亡死絕，在外必大得志。

（五）火星鈴星羊刃陀羅入遷移宮，廟在外遇貴，吉制更佳，陷則在外不遂，見凶發壞。

（六）天魁天鉞臨遷移宮，主在外遇貴，受人尊重。

第四十二章　諸星見僕役宮吉凶

（一）紫或府臨僕役宮，主用人得力，見諸吉用人皆忠幹，見諸凶則欠力。

（二）機同日月相梁曲昌左右祿魁鉞諸星臨僕役宮，廟用人得力，見諸吉用人皆忠幹，陷用人欠力，見諸凶則招怨累主。

（三）武廉貪巨七破，諸星入僕役宮，廟用人剛强幹練，見諸吉衛主，陷用人忘恕盜竊，見諸凶則背主。

（四）火鈴羊陀諸星入僕役宮，廟用人先壞後好，見諸吉忠主，陷用人陰賊險狠，見諸凶則害主。

第四十三章　諸星見官祿宮吉凶

（一）紫或府臨官祿宮，主官爵顯貴，見諸吉尤主政聲卓著，見諸凶則平常。

（二）機同日月相梁左右曲昌祿魁鉞以及天馬天官諸星臨官祿宮，廟主文武皆貴　見諸吉則一帆風順，見諸凶則起伏靡定，陷主仕途多坎坷，見諸吉稍佳，見諸凶不宜仕。

（三）武廉貪巨七破火鈴羊陀諸星入官祿宮，廟主武貴，見諸吉必立功疆場，見諸凶平常，陷則無貴。

第四十四章　諸星見田宅宮吉凶

（一）紫府祿臨田宅宮，主成家立業，見諸吉旺，見諸凶則有置有去。

（二）機或同臨田宅宮，廟主自創，見諸吉旺，見諸凶則平常，陷見諸吉亦不甚佳，見諸凶則全無、

（三）太陽臨田宅宮，廟主有祖業，初與中降末衰，在寅則終身有產，在一

則降生即退祖，但亦不爲無產，見諸吉佳，見諸凶欠佳，陷見諸凶則全無。

（四）武曲臨入田宅宮，廟主得祖大業，見諸吉更能自置，陷見諸吉退祖方興，見天空地劫空亡大小耗則平常。

（五）廉或七入田宅宮，主退祖，廟或見吉能自置，陷或見凶則平常。

（六）太陰臨田宅宮，廟主家業豐隆，見吉更旺，見凶亦不爲無產之人，陷見凶則全無。

（七）貪狼入田宅宮，廟主有祖亦退，見吉晚發，自置，陷見凶則無。

（八）巨門入田宅宮，廟主橫發，見吉旺，見凶有產業糾紛，陷見凶無。

（九）破軍入田宅宮，廟主守祖，但有進退，見吉旺，見凶無

（十）左右曲昌諸星臨田宅宮，廟見諸吉家業興隆，陷見諸凶及天空地劫大小耗則全無。

（十一）火鈴羊陀諸星入田宅宮，皆主退祖，廟見吉先無後有，陷見凶全無。

第四十五章　諸星見福德宮吉凶

（一）紫或府臨福德宮，主福厚，見吉更佳，見凶次之。

（二）機武廉諸星福德宮，廟主先勞後逸，有福，見吉佳，陷或見凶福淺。

（三）太陽臨福德宮，廟主忙中發福，女人尤主招賢明之夫有而福，陷見凶終身無福。

（四）同相梁左右曲昌祿魁鉞以及天福諸星臨福德宮，廟主福，見吉益佳，陷或見凶福淺。

（五）太陰臨福德宮，廟主福深，男人尤主有賢美之妻爲內助，陷見凶終身無閨房樂趣。

（六）貪巨七破火鈴羊陀諸星入福德宮，廟見吉憂樂參半，晚年有福，陷見凶終身不得安閒。

第四十六章　諸星見父母宮吉凶

父母以日月爲主，太陽爲父，太陰爲母，太陽陷者主先克父，晝生人益驗；太陰陷者主先克母，夜生人益驗，如日月皆陷者，晝生人主父存，夜生人主母存，次參看父母宮本方星曜吉凶廟陷以爲斷。

（一）紫或府臨父母宮，主椿萱並茂，見吉益健旺，見四凶主父母不全。

（二）機同相梁左右曲昌祿魁鉞諸星臨父母宮，廟主父母全，見吉益健旺，陷或見四凶主父母不全。

（三）太陽臨父母宮，廟主父健旺，陷主克父，廟與太陰同躔不見四凶主父母全，見吉益健旺，陷與太陰同躔主父母不全，見四凶益克。

（四）武廉貪巨七破火鈴羊陀諸星入父母宮，主父母早克，否則出繼或入贅可免。

（五）太陰臨父母宮，廟主母健旺，陷主克母，廟與太陽同躔不見四凶主父母全，見吉益健旺，陷與太陽同躔主父母不全，見四凶益克。

第四十七章 命術醫語

病有醫，命亦有醫。醫病目的，在使人恢復生理上之健康；醫命目的，在使人得到心理上之健全。病醫以藥，命醫以言，擅命術者，有如醫生，庸醫足以殺人，可不愼歟！爰立命術醫語數則於末一章，以畢是書。

（一）見富貴安樂之命，不可存奉承意，不可有過譽言，宜語多警惕，使由於心理之健全，而免於驕奢淫欲。

（二）見貧賤憂患之命，不可存輕視心，不可有揶揄態，宜詞多勉勵，使由於心理之健全，而免於頹喪墮落。

（三）見惡人歹徒或邪淫者流之命，不可摘奸發伏於當面，宜警惕與勉勵並用，寓懲戒於潛移默化中，使由於心理之健全，而自啓其悔過遷善之門。

（四）見男女絕嗣之命，不可必言其無後，宜勉以爲善有一子之許，使由於心理之健全，而發揮其生殖能力之自信。

（五）見年壽將盡之命，不可必言其將盡，宜勉以爲善有高齡之可期，使由於心理之健全，而恢復其生之活力。

（六）多予人以可能之希望，不可予人以肯定之絕望。

（七）命之好處，儘可明言，命之壞處，宜多作暗示，少用直說，更不可爲炫燿術之神奇，而盡情暴露命之大不是處。

附某甲命評例

查某甲現年卅四歲，生於丙辰年四月初三日未時，陽男木三局，立命在戌，安身在子，武曲廟守命宮，見紫府相諸星吉協，又見魁鉞雙星吉輔，本可以成格論，惜見羊陀衝脅而爲破格；破軍守身，雖然入廟，又惜不見諸吉，且仍以羊陀衝脅而爲破格之再格，西北生人較佳，東南生人大不宜，此爲此命格局之大概也。以言形性，武破入守命身，主形容矮壯，性情剛愎。以言父母，日月俱陷，難免刑克，惟某甲爲晝生人，且日臨父母宮，主先失恃而後失怙。以言兄弟，天同祿貴偕臨，自是昆季成行，惟因與火星同躔，且鈴星孤寡諸凶並脅，刑克不免。以言夫妻，七煞廟守，遲婚可免克。以言子女，天梁左右偕臨對合，並見諸吉及牛旺，孳息必然繁多，爲六親諸宮中之佳者。以言財帛，廉相廟臨，並見紫府武曲諸星吉協，原可致富，惟以本方主星化忌，且羊刃地劫併入，雖有財亦自來去難聚。以言疾厄，巨鈴祿同躔且見病，自小卽多災，幸命身尚强，及長漸見健康。以言遷移，貪狼陀羅併入廟空，在外當可得意。以言僕役，太陰主星陷，用人欠力，且身主臨僕宮，必愛聽用人言。以言官祿，紫府偕臨廟地，臨官而臨官宮，又見權科吉輔，自屬貴份，惟羊忌見脅，且命身格局已破，終爲宦海浮沉之輩。以言田宅，天機陷而化權，雖難承祖業，本尙可自置，惟坐落空亡，又見火鈴並脅，則自置亦難看旺。以言福德，破軍入廟而坐空，身坐福德而沐浴桃花，又三合天姚，加見羊陀忌劫衝脅，除愛修飾，戀女色，荒唐享受之外，無福可言。此爲此命諸宮之大概也。三歲至十二歲，大限行命宮，幼小多災；十三歲至廿二歲，大限行父母宮，學成，婚成，且遇貴提携，此爲少運之黃金時代；廿三歲至卅二歲，大限行福德宮，沉溺酒色，爲少運荒唐之時；三十三歲至四十二歲，現行大限田宅宮，三合見權祿貴，主有貴扶持，有權作事，爲中運抬頭之時；四十三歲至五十二歲，大限行官祿宮，紫府偕臨，步入宦運正格，爲中運收成之時；五十三歲至六十二歲，大限行遷移宮，貪陀凶星入廟，而見空衰，老運無何不宜，爲老運守成之時，惟六十一歲爲一壽關，如得渡過，可爲古稀以上人，此爲此命一生行限之大概也。

附某甲命評例

今年小限在未，本星雖吉，而流年星全凶，且喪弔息亡之神見於合方，主有遠喪或近親孝服，流年太歲在丑併大限，本方流年星雖吉，而合方流年星全凶，且斗君過疾厄宮遇流陀，主自正月起而有病魔侵襲，二月月令小耗入財宮主小傷財，三月月令大耗入小限宮，主爲是年孝服而大傷財，總言月令吉凶，一，三，五，七，十一，諸月不利，餘月平平，此爲此命本年流年之大概也。

勘誤表

頁	行	誤	正
三	十七	星命學中好星名	星命學中的星名
十二	七	命宮之丑欄	命宮之丑欄及餘宮欄
十三	九	戊辰己巳大森木	戊辰己巳大林木
廿六	五	同位在寅辰	同位在寅申
卅一	四	右逆戌左兮順辰	右逆戌兮左順辰
卅一	十四	類類推	餘類推
卅二	三	右弼應在戌	右弼應在戌
卅三	五	安月系諸之位	安月系諸辰之位
卅八	三	甲年年寅	甲年在寅
四三	天魁行下庚欄	寅	丑
四三	天鉞行下庚欄	午	未
五三	五	戊癸是子丑，丁壬寅卯從	丁壬是寅卯，戊癸子丑從
五三	十一	戊癸是子丑	戊癸子丑從

頁	行	誤	正
五六	四	癸巳屬六甲之申旬	癸巳屬六甲之甲申旬
六〇	十	丑亥同巨門	丑亥門巨門
六八	六	酉巳丑將酉上停	巳酉丑將酉上停
九三	三	用時疊言	用時單言疊言
一〇三	一	為待救未棄格	為待救未棄格
一一〇	一	中	中
一一二	十三	與在巨同總在卯	與巨門同總在卯
一一四	一	酉必還祖而自興	酉必退祖而自興
一一四	三	則合作，偏房	則合作偏房
一一五	九	肩露骨	眉露骨
一一五	十四	祿惟能化其凶	惟祿能化其凶
一二八	九	老過丈夫	志過丈夫
一三四	四	廚獨發守	廚獨守發
一三六	六	賢明之夫有而福	賢明之夫而有福
		驕奢淫欲	驕奢淫佚

占筮類			
1	擲地金聲搜精秘訣	心一堂編	沈氏研易樓藏稀見易占秘鈔本
2	卜易拆字秘傳百日通	心一堂編	
3	易占陽宅六十四卦秘斷	心一堂編	火珠林占陽宅風水秘鈔本
星命類			
4	斗數宣微	【民國】王裁珊	民初最重要斗數著述之一；未刪改本
5	斗數觀測錄	【民國】王裁珊	失傳民初斗數重要著作
6	《地星會源》《斗數綱要》合刊	心一堂編	失傳的第三種飛星斗數
7	《斗數秘鈔》《紫微斗數之捷徑》合刊	心一堂編	珍稀「紫微斗數」舊鈔秘本
8	斗數演例	心一堂編	
9	紫微斗數全書（清初刻原本）	題【宋】陳希夷	斗數全書本來面目；有別於錯誤極多的坊本
10－12	鐵板神數（清刻足本）——附秘鈔密碼表	題【宋】邵雍	無錯漏原版秘鈔密碼表　首次公開！
13－15	蠢子數纏度	題【宋】邵雍	蠢子數連密碼表打破數百年秘傳　首次公開！
16－19	皇極數	題【宋】邵雍	清鈔孤本附起例及完整密碼表研究神數必讀！
20－21	邵夫子先天神數	題【宋】邵雍	附手鈔密碼表研究神數必讀！
22	八刻分經定數（密碼表）	題【宋】邵雍	皇極數另一版本；附手鈔密碼表
23	新命理探原	【民國】袁樹珊	子平命理必讀教科書！
24－25	袁氏命譜	【民國】袁樹珊	
26	韋氏命學講義	【民國】韋千里	民初二大命理家南袁北韋
27	千里命稿	【民國】韋千里	北韋之命理經典
28	精選命理約言	【民國】韋千里	
29	滴天髓闡微——附李雨田命理初學捷徑	【民國】袁樹珊、李雨田	命理經典未刪改足本
30	段氏白話命學綱要	【民國】段方	民初命理經典最淺白易懂
31	命理用神精華	【民國】王心田	學命理者之寶鏡

32	命學探驪集	【民國】張巢雲	發前人所未發 稀見民初子平命理著作
33	澹園命談	【民國】高澹園	
34	算命一讀通——鴻福齊天	【民國】不空居士、覺先居士合纂	
35	子平玄理	【民國】施惕君	
36	星命風水秘傳百日通	心一堂編	
37	命理大四字金前定	題【晉】鬼谷子王詡	源自元代算命術
38	命理斷語義理源深	心一堂編	稀見清代批命斷語及活套
39-40	文武星案	【明】陸位	失傳四百年《張果星宗》姊妹篇 千多星盤命例 研究命學必備
相術類			
41	新相人學講義	【民國】楊叔和	失傳民初白話文相術書
42	手相學淺說	【民國】黃龍	民初中西結合手相學經典
43	大清相法	心一堂編	重現失傳經典相書
44	相法易知	心一堂編	
45	相法秘傳百日通	心一堂編	
堪輿類			
46	靈城精義箋	【清】沈竹礽	沈氏玄空遺珍 玄空風水必讀
47	地理辨正抉要	【清】沈竹礽	
48	《玄空古義四種通釋》《地理疑義答問》合刊	沈瓞民	
49	《沈氏玄空吹虀室雜存》《玄空捷訣》合刊	【民國】申聽禪	
50	漢鏡齋堪輿小識	【民國】查國珍、沈瓞民	
51	堪輿一覽	【清】孫竹田	失傳已久的無常派玄空經典
52	章仲山挨星秘訣（修定版）	【清】章仲山	章仲山無常派玄空珍秘 門內秘本首次公開 沈竹礽等大師尋覓一生末得之珍本！
53	臨穴指南	【清】章仲山	
54	章仲山宅案附無常派玄空秘要	心一堂編	
55	地理辨正補	【清】朱小鶴	玄空六派蘇州派代表作
56	陽宅覺元氏新書	【清】元祝垚	簡易·有效·神驗之玄空陽宅法
57	地學鐵骨秘 附 吳師青藏命理大易數	【民國】吳師青	釋玄空廣東派地學之秘
58-61	四秘全書十二種（清刻原本）	【清】尹一勺	玄空湘楚派經典本來面目 有別於錯誤極多的坊本